「保革」を超え、転形期を切り拓く共同を

―大量棄権層・社会保守・市民連合―

冨田宏治
関西学院大学教授
大阪革新懇代表世話人

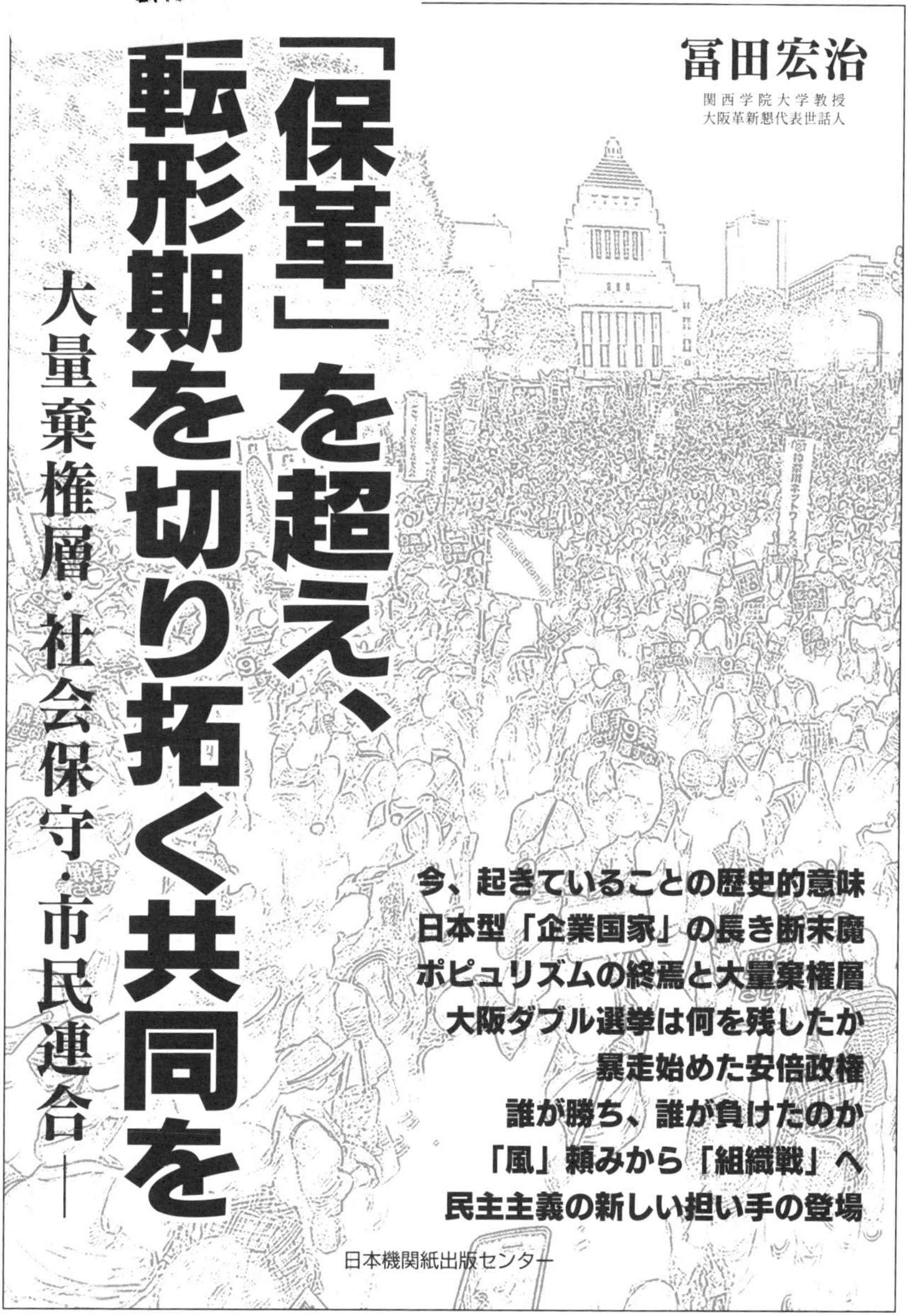

今、起きていることの歴史的意味
日本型「企業国家」の長き断末魔
ポピュリズムの終焉と大量棄権層
大阪ダブル選挙は何を残したか
暴走始めた安倍政権
誰が勝ち、誰が負けたのか
「風」頼みから「組織戦」へ
民主主義の新しい担い手の登場

日本機関紙出版センター

もくじ

1. 2016年を大きな歴史的転換の年に 5
2. 日本型「企業国家」の長き断末魔 10
3. 小泉「構造改革」——ポピュリズムの始まり 16
4. 政権交代とカウンターポピュリズム 22
5. 橋下維新政治とポピュリズムの再来 27

6. ポピュリズムの終焉と大量棄権層の出現 32
7. 「風」頼みの「空中戦」から地を這うような「組織戦」へ 36
8. 「保革」を超えた共同の広がり 47
9. 「経済保守」「政治保守」「社会保守」の分裂 56
10. 民主主義の新しい担い手の劇的な登場 63

【まえがき】

本書に収録されているのは、2016年1月5日に関西勤労協主催の「新春大学習会」での講演内容を文章化したものです。もともと文章化を企図していた訳でなく、時間的制約から最後の方は思いっきり駆け足になってしまい、お世辞にも上出来とは言えない講演でしたが、テープ起こしの原稿に必要最低限の加筆修正を行なうに止めました。あちこちに議論が飛んだり、少々荒っぽい表現があったとしても、講演の臨場感を残した方が良かろうとの判断です。

冨田の議論は楽観的に過ぎる。情勢の厳しさを直視すべきだというご批判をしばしば頂きます。しかし、情勢の厳しさばかりを強調し、危機感を煽って、まなじりを決して闘うことを呼びかけるような語り方を私は好みません。政治は明るく希望を持って語る。それが私のモットーであり、永年の原水爆禁止運動への関わりの中で身についた習性です。

もちろん語られるべき希望は、希望的観測によるものではなく、客観的な事実に基づかなければなりません。

本書の語る希望が、しっかりとした事実に基づいたものであると言えるどうか。そのご判断は、読者の皆さんにお委ねしたいと思います。

1．2016年を大きな歴史的転換の年に

今こそ、闘うべきとき

昨年は本当に忙しい、闘いに次ぐ闘いで大変な年でした。私もこんなに闘ったのは久しぶりでした。統一地方選に始まって、「都構想」の住民投票があり、安保法制阻止のたたかい、大阪ダブル選挙があり、私はその間にNPT再検討会議があり原水爆禁止世界大会があり、一体どういう感じで1年を過ごしていたのかご想像いただけるかと思います。そして年が改まり、もう闘いモードになっていまして、この1月だけでも講演依頼が10回も届いているのですが、ぜひともスタートダッシュよろしく2016年を歴史的な転換の年にしていきたいと思っています。

昨日は共産党の旗開きで志位委員長がお話されて、また「しんぶん赤旗・日曜版」には政治学者の中野晃一さんと志位さんの対談が載っていて、そこではどうも日本は「市民革命」の時代に入ったんじゃないかというようなことを話されていました。今日はそういうことも含めて少し大きな視野で、昨年あんなに闘ってしんどかったし、それなりの成果もあったけど、また今年も闘うのかという何かこう追われて闘っているんじゃなくて、大きな歴史の流れの中で今こそ闘うべき時なんだと、今闘わなくてどうするんだと、そういう視点で今の時点の意義を再確認して2016年の意気高いスタートにしたいと思います。

「転形期」を迎えて

さて、まさに歴史的な1つの時代の転換点に私たちは立っています。私は丸山真男という人の研究をしていますので、その丸山の言葉を使えば今はまさに「転形期」という時代だろうと思います。では何が変わろうとしているのか。それは1つの国家形態が変わろうとしているということです。1つの国家形態が終わりを迎え、新たな国家形態の登場が迫ろうとしています。そういう1つの巨大な歴史的転換点に来ていると思います。

今の日本の政治で起こっていること、それはこれまで見たことのないようなことが起こっています。例えば昨年では、国会前にあれだけの人が集まったこと。しかも60年安保とは全然質の違う人々が集まった。それはこれまで見たことのない光景でした。またこれまでやったこともない経験もしました。僕は4月に、統一地方選挙ですが、生まれて初めて自民党の候補者に投票しました。同じようなことが日本中で起きました。沖縄では長年、自民党一筋だった方々が生まれて初めて共産党の「赤嶺政賢」と書いて「膝がガクガク震えた」とおっしゃっていました。僕も手が震えました。自民党の現職府議の名前を書きましたが、入れると決めて投票所に行ったけどいざブースに入ると手が震えて「いいのか、自民党だぞ?」と思いながら書きました。でも今はまったく後悔はしていません。それで良かったと思っていますが。僕も手が震えた。沖縄の皆さんも手が震えた。また宮城県の県議選で共産党が倍増して8議席を取りましたが、あれは共産党が強くなったからというよりも、元自民党の人たちが勝手連を作ってくれて推してくれたからです。すると宮城でも元市議会議長さんや町村会長さんや農協の幹部だった人たちが手を震わせながら、共産党の候補者の名前を書

（図1）

今、日本政治で起こっていることの歴史的意味

- □ 20世紀後半型の「国家」＝「介入主義国家」の特種日本的形態であった日本型「企業国家」の断末魔
  - ■ 1990年～「失われた20年」の果てに
  - ■ 東日本大震災と東電福島第一原発事故への対応で露呈した無能性
- □ 「明治維新」以来の「近代日本国家」のあり方にも関わる歴史的転機
  - ■ 「維新」という言葉がもつリアリティ
- □ 自民党⇒民主党の「政権交代」とは一体何だったのか？
- □ 「維新」掲げるハシズムの跋扈をどう見るか？
- □ 自民党政権復活と暴走をどう見るか？

いてくれた訳です。こういうことが、まさにこれまで起きたことがないことが起きているのです。

断末魔の日本型「企業国家」

ではこういうことがなぜ起こるのか。それはやはり私たちが歴史的な転換点に今、立っているからです。それが起こるだけの大きな歴史的転換が起ころうとしているのです。それを僕の言葉で言えば、20世紀後半型の「国家」、つまり「介入主義国家」の特殊日本的形態であった日本型「企業国家」、これは宮本憲一さんや渡辺治さんたちが80年代から90年代にかけて研究されていたのですが、それが本当に長い長い断末魔の末に、いよいよ引導を渡されようとしている、そういう段階なのだろうと思います（図1）。その転換はどのぐらいの歴史

的意味を持っているのかというと、おそらく明治維新、そして戦後民主改革に次ぐような転換点なんだろうと思います。ですから今度の転換は70年に一度という大きな大転換になるでしょう。

しかしなかなかこの転換は時間がかかっていて、実はもうこの日本型「企業国家」がほとんど機能を失いどうしようもない状態に陥ってから25年も経っています。25年も経っているのになかなかあの世に送ってやれないというか、引導を渡してやれない。そういう状態が続いています。

ではその間は何をやっているかというと、延命装置を繋いで生きながらえている。植物状態になりながらも生命維持装置に繋がれて生き続けている。そのために何の役にもたたない輸液を注ぎ続けています。それがおよそ1000兆円、あるいは計算の仕方では1300兆円という、そういう莫大な国家の財政赤字として蓄積されているのです。とにかく何であろうともこれに引導を渡して、新しい国家のあり方を作り出していかないとたいへんなことになる。これはわれわれの側にとっても支配層の側にとってもそういう状態になっているということです。

危険を乗り越えた

こういう時代は極めて危険な時代でもあるし、あるいは危険な時代でもありました。ただ今日は、今はその危険を1つ乗り越えたという話をしたいのです。場合によっては1つの国家のこういう断末魔の中で、本当の意味でのファシズムが生まれてくる可能性が十分にありました。その兆しはいろんなところに見えましたし、今でもそれは完全には去ってはいませんが、ファシズム、あるいはファシズムと呼ぶかどうかは別にして、ある種の権威主義的、独裁的な国家体制が新たな国家の形として生まれてくる可能性、危険性というものは、こういう転換の時代には必ず孕まれる。起こる可能性がある。その典型例が1930年代から40年代にかけてのドイツのナチズムであり、イタリアのファシズムであり、日本の超国家主義でした。

そこで僕は今日の話で、そういう危険性を孕みながらもその一番危ない状態をわれわれはなんとか乗り切ったという前提で、そこから本当に展望のある方向へ、この歴史的転換点を希望のある方向に持っていけるかどうか、その正念場が今年なんだということを提起し、その課題を共有できればと考えているのです。

2. 日本型「企業国家」の長き断末魔

25年間低迷し続ける日本経済

日本型「企業国家」とは何だったのかという話をすると長くなりますので飛ばしますが（図２）、ただ１９７０年代半ばに成立して80年代にまさに日本を「経済大国」に、「JAPAN AS No.1」というところまで押し上げた、素晴らしいパフォーマンスを誇ったといわれる国家です。だけど１９９０年代の初頭にバブルの崩壊とともに機能不全に陥りました。その後、「失われた10年」とかいろいろ言われましたが、結局は25年間、その脱出口というか新しい国家のかたちを作り出すことが出来ないまま、この国家を生きながらえさせてきました。長い長い断末魔をわれわれはともに過ごしてきたということになります。

そのピークの時の株価をみてください。今、株が上がったとか下がったとか一喜一憂していますが、当時は4万円まで上がったことがありました。それから25年一度も取り戻していないのです。安倍首相は口を開けば自分は日本を取り戻した、景気も上向きになっていると言いますがどうでしょうか。別にバブルの状態に戻ればいいとは思いませんが、この25年前から日本経済はずっと低迷を続けている。そこから脱出する方向が見えない。その挙句にアベノミクスという訳の分かんない危険なやり方でそれを突破しようとしたけれども、それも成功しなかった。それが実情です。

その間、日本の国家に対して注ぎ込んだ借金、つまり輸液ですね、生命維持装置に繋いでどんど

（図2）

日本型「企業国家」とは何だったのか？

□ 日本型「企業国家」

- 第二次世界大戦後（現代）における「国家」の日本独特の形態（特種日本的形態）
- 1970年代半ばに成立
- 1980年代—「経済大国・日本」を謳歌
- 1990年代初頭—バブル経済の崩壊とともに機能不全に、以後20年に渡る崩壊過程に
- 失われた10年（1990〜2000）、小泉構造改革（2001〜2006）、民主党への政権交代（2009〜）を経て、いまだ次の「国家」のあり方は見えず
- その間に蓄積された「国家」の負債—1200兆円

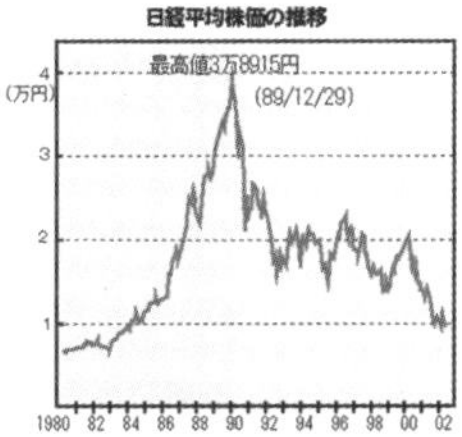

ん送り込んだ。それが1000兆円、あるいは1300兆円、そういう国家だということになります。

GDPは27位に転落

その機能不全を起こしている証拠がこの図です（図3）。単純な話です。経済成長をしていないということです。経済成長をすればいいとはいいませんが、25年間ほとんど日本のGDPは増えていない。この間、アメリカの経済も悪かったといわれますが、アメリカは2・6倍、あるいは3倍近い成長をしています。でも日本はずっと500兆円に張り付いています。また中国に至ってはこの間25倍です。また1人あたりのGDPで換算すると日本は2位だったものが今は27位（OECD加盟国では20位）です。もう先進国の一番下になってしまっ

（図3）

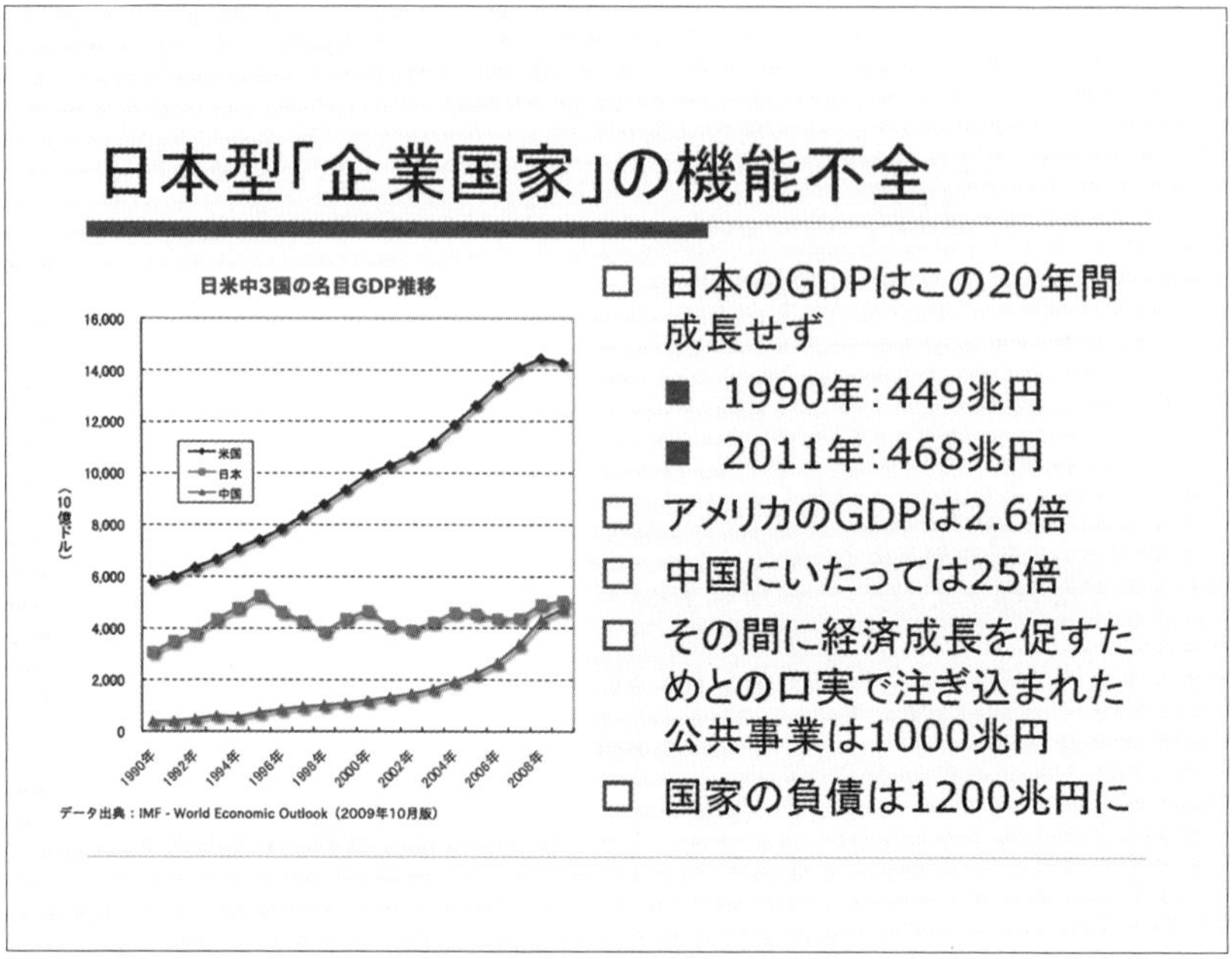
日本型「企業国家」の機能不全
日米中3国の名目GDP推移
米国
日本
中国
（10億ドル）
16,000
14,000
12,000
10,000
8,000
6,000
4,000
2,000
0
1990年
1992年
1994年
1996年
1998年
2000年
2002年
2004年
2006年
2008年
データ出典：IMF - World Economic Outlook（2009年10月版）
□ 日本のGDPはこの20年間成長せず
■ 1990年：449兆円
■ 2011年：468兆円
□ アメリカのGDPは2.6倍
□ 中国にいたっては25倍
□ その間に経済成長を促すためとの口実で注ぎ込まれた公共事業は1000兆円
□ 国家の負債は1200兆円に

た。そのぐらい日本経済というものは失速をして、どうしようもない状態に陥っているわけです。

計算方式を変えてGDPの水増し?

そこでその間、経済成長を促すという口実で注ぎ込まれた公共事業は1000兆円超えています。これはほとんど借金で行われてきました。これがこの国の状態です。安倍首相は何を思ったかこの25年間、500兆円前後で推移している日本のGDPを600兆円に上げるとバカみたいなことを言いだしました。どうやって上げるんだ?ということですが、その上げ方があるのだそうで、それはGDPの計算方法を変えるという方法です。するとマジックのように600兆円に増えるそうです。こうして実は最後の手段はGDPの計算方式を変

（図4）

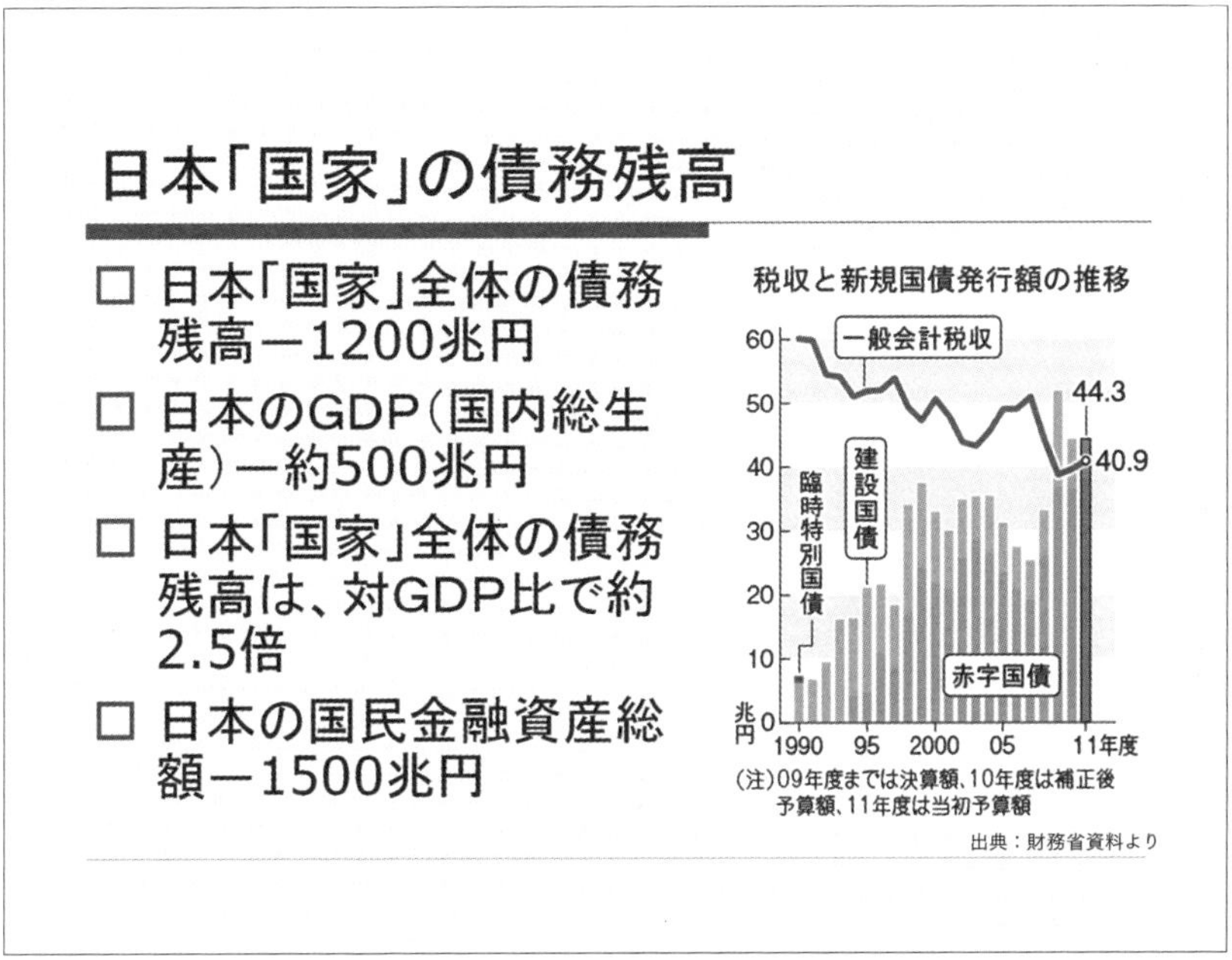

えて、600兆円にするという話らしいですが、しかし現実には上がることはありません。

安倍首相が言ったことがいかにデタラメかということは600兆円にすると豪語した瞬間に、化けの皮が剥がれてしまったということになるのだと思いますが、それはもう新しい国家のあり方が出来ないかぎりこの状況を脱出することはできないところまできていることを示しています。

そして、その間に日本が蓄えた借金は1300兆円ということになります。ここにグラフがあります（図4）。日本はずっと昔から借金をしていると思われてるかもしれませんが、実際には93年～94年ごろから始まっていて、それ以前には大きな借金はありませんでした。しかしその頃からこの借金がどんどん増えていき、機能不全に陥っていきます。雪だるまのように借金が膨れ上がって今や、GDPの倍、あるいは下手をしたら2・5倍ぐらいになるんじゃないかというような、そういう莫大な借金を抱えた国家になってしまいました。

劣化し続ける政治

昨年末に高橋洋一（嘉悦大学教授）という安倍首相のブレーンが、「日本は貸借対照表上ではこの借金はきれいに返し終わっているんだ」というバカなことを言いました。安倍首相はこういうことを発言する人を信じているんですね。これは日本銀行と日本国家を連結決算すればという話なんですが、そんなアホなことをしたらたいへんなことになります。本当はもう事実上そうなりかけているのですが、輪転機をくるくる回してお札を刷ったら借金が返せるという世界ですね。安倍首相は本当にそんなことを考えている。

それは例えばどういう状況かわかりますか。戦争の時です。1940年代の日本は輪転機をくるくる回してお金を刷り、それで国債を購入してお金を戦費に当ててきました。実は今の日本にもその時の借金が数百億円、帳簿上は残っています。その当時の換算でいくと国家予算の10倍ぐらいでちょうど今の借金と同じぐらいです。だけどそれは今は数百億円ですが、なぜか。ハイパーインフレが起こって日本のお金が全部紙くずになっちゃったからです。そうしないとこの借金はチャラにならない。私たちはそれを怖がって、国が借金を返すために輪転機を回すようになったら終わりだなと言ってきたんですが、それを今、本当に言っているんです。こういうとんでもないことを信じてはいけません。

こういう人が政府のブレーンにいるということに表れているように、本当に日本の政治は劣化しています。そしてＧＤＰの計算方式を変えれば６００兆円の約束は果たせる、国民は騙せると思っている総理大臣がいるのですから、本当に末期症状というか、まさに引導を渡さないとどうしようもないところにきている。それが今の日本の国家の状態です。

3. 小泉「構造改革」──ポピュリズムの始まり

小泉「構造改革」以降、危険な状況に

そんな中で小泉「構造改革」(図5)というものが行われました。これが15年も前のことでした。この時に財政危機を打開するためにということで、小泉純一郎という人が現れました。彼のブレーンに竹中平蔵という人がいました。実は、この人も今年の年始にとんでもないことを発言していますね。トリクルダウンなんかは起こらないって。トリクルダウンが起こる。だから安心しろって言い続けた張本人は誰だと言いたいのですが、その竹中平蔵氏が手のひらを返したように、トリクルダウンは起こりっこない、それを信じたお前らがバカなんだと言い出して、もうどうしようもない話なんですが、ただそのトリクルダウンの理論を使ってとにかく、新自由主義的な競争を繰り広げ、市場万能主義を実現していけば、大企業が儲かって、日本経済はなんとかなるという幻想を振りまき、この路線を作ったのが小泉・竹中という人たちでした。

彼らはそういう新自由主義、市場万能主義的改革をめざしました。しかしそれを進めると当然貧困と格差が拡大するわけで、その格差を埋め合わせるものは何かというと、それがナショナリズムでした。みんな日本の一員だ、中国人や韓国人に比べたら日本のほうがいいじゃないかというわけです。最近もテレビなどではそういう番組が多いですね。あちこちで日本人が頑張っているとか、日本に来た外国人が日本を絶賛する姿を映して、日本人はもっと誇りを持たなきゃいけないというよう

（図5）

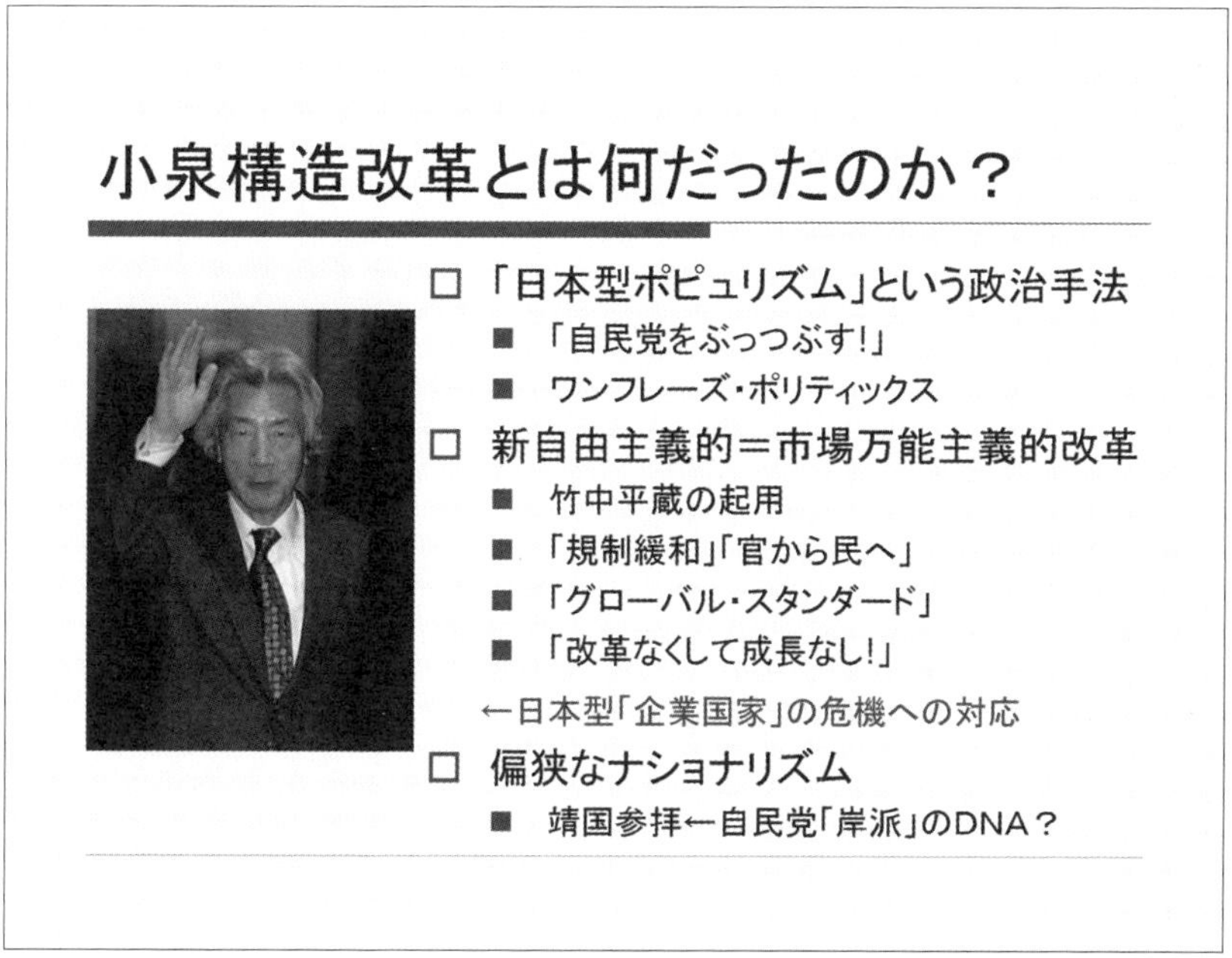
小泉構造改革とは何だったのか？
□ 「日本型ポピュリズム」という政治手法
■ 「自民党をぶっつぶす！」
■ ワンフレーズ・ポリティックス
□ 新自由主義的＝市場万能主義的改革
■ 竹中平蔵の起用
■ 「規制緩和」「官から民へ」
■ 「グローバル・スタンダード」
■ 「改革なくして成長なし！」
←日本型「企業国家」の危機への対応
□ 偏狭なナショナリズム
■ 靖国参拝←自民党「岸派」のDNA？

な内容の番組をしていますが、とにかく貧困と格差が拡大して社会が不安定になったら、あとはナショナリスティックな日本国民としての誇りを煽り立てて、貧乏でも誇りを持って生きようぜっていう話になるしかないのです。

その時に、ただ自分で自分の誇りを確認していればいいのだけど、かならず他民族蔑視が始まる。韓国人に比べれば、朝鮮人に比べれば、中国人に比べれば俺たちのほうが偉いというナショナリズムが煽られる。このように新自由主義と偏狭なナショナリズムがセットになり、このセットを使いながら小泉が行ったのが日本型ポピュリズムという政治手法でした。

「自民党をぶっ潰す」とか、「改革なくして成長なし」とか、「痛みに耐えてよく頑張った」とか、いろんな言葉を思い出しま

（図6）

「日本型ポピュリズム」

- □ ポピュリズム的政治手法
  - ■ 大衆が日々感じている不満や不安を煽る
  - ■ 物事を単純化し、「わかりやすい話」をし、「わかったつもり」にさせる
  - ■ 短いキャッチフレーズを連呼する
  - ■ 「政敵」を創り出して、激しく攻撃する
  - ■ 理性ではなく感情や情動に訴える
  - ■ アドルフ・ヒトラー等も用いた政治手法
- □ 「自民党をぶっつぶす」／「改革なくして成長なし」／「痛みに耐えてよく頑張った」／「抵抗勢力」
- □ 長引く不況の下で、バラバラに切り離され孤独で不安な（＝原子化した）大衆の存在

す。新自由主義もナショナリズムも問題だったのですが、それとセットになったポピュリズムという危険な政治手法を使い、それが意外に成功するという結果を出してしまいました。これが小泉純一郎という人のたいへん大きな功罪の「罪」悪でした（功はありませんが）。このポピュリズム的な状況、これが日本の政治を無茶苦茶に劣化させていきました。そしてこの時が日本政治の最も危険な状況の始まりだったわけです（図６）。

煽り立て白紙委任を求めた

ではいったいそれはどういうことだったのか。人々が持っている不安や不満を煽って自ら駆り立てる。自民党の失政が持たらした不安や不満を、自民党の総裁自らが煽り立てる。そして物事を単純化して、わか

りやすい話をし、わかったつもりにさせておいて、白か黒か、白か。じゃあ、俺に任せろと白紙委任を求める、そういう政治手法です。

そこでみなさん、思い出してください。郵政民営化をすれば日本は良くなるといわれました。それからもう10年ぐらい経とうとしていますが、何が良くなりました？　郵便局のサービスが少し良くなりましたか？　だけど小さい郵便局はどんどん潰されてしまいましたよ。僕が知っている話ですが、京都の北山辺りに住んでいる人は郵便局に行って帰るのに丸1日かかるそうです。1日1往復しかないバスに乗って行く。郵便を出すのに1日かかるわけです。このように民営化して良くなりましたか？　株式も上場されましたが、だけど民営化したら日本は良くなると言いましたよね。そして多くの人がその気になったから小泉政権に2600万もの人が投票したのです。

「アトム化」された人々

これとまさに同じことを橋下徹前大阪市長もやってきました。「大阪都」になればすべて何か良くなるような話をするわけですが、そんなことはありえない。物事を単純化して自分に任せればすべて良くしてやる。そして敵を作り出し、その敵を激しく攻撃し、理性じゃなく感情や情動に訴えて政治を展開していきました。これはヒトラーが使ったものと同じ手口です。それで彼は「自民党をぶっ潰す」とか、「改革なくして成長なし」とか、「痛みに耐えてよく頑張った」とか言いました。確かに痛みに耐えてよく頑張っていますよ、僕らは。もう25年頑張っているんですから。でもどこかから何かいい知らせが届きましたか？　耐えても耐えても何もこないという状況ですよね。こうして「抵抗勢力」という敵を作り、それを叩いて喝采を浴びるという政治をやってきました。

　長引く不況の中でバラバラに切り離されて孤独で不安な状態に置かれた人々。これを「アトム化」された人々、「原子化」された人々と政治学では呼びますが、こうした「原子化」された人々の存在をテコに、非常に危険な政治を小泉政権は展開してきました。みんなバラバラになってしまった。この時に流行った言葉が「自己責任」「勝ち組・負け組」という言葉ですが、「勝ち組」は「勝ち組」同士で激しい競争に晒され、「負け組」は負けたのは全部自分のせい＝「自己責任」だと思い込まされ、「連帯」や「共同」、「助け合い」などというものはすべてがダサいものだと否定していく。そういうイデオロギーが振り撒かれました。

東日本大震災以後に変化が

　そしてその後、ようやく日本人が「連帯」や「共同」という価値を取り戻したのは、不幸なことですが東日本大震災以後のことになります。東日本大震災の年に選ばれた1年を象徴する言葉が「絆」でした。みんなが「絆」を取り戻した。「共同」や「協力」というものがダサいものじゃないということに改めて気づきます。それが実はこの後で述べます「ＳＥＡＬＤｓ」や「学者の会」や「ママの会」などの新しいタイプの市民の運動が出てくる遠因になるのですが、ともかくこの時代、「共同」することは負け犬の遠吠えでしかない。「自己責任」なのにそれを何か力を合わせて解決しようなんてものすごくダサい、そんなことを言ってるからお前らは「負け組」になるんだと言われるような、そういうイデオロギー状況を作り出していきました。

（図7）

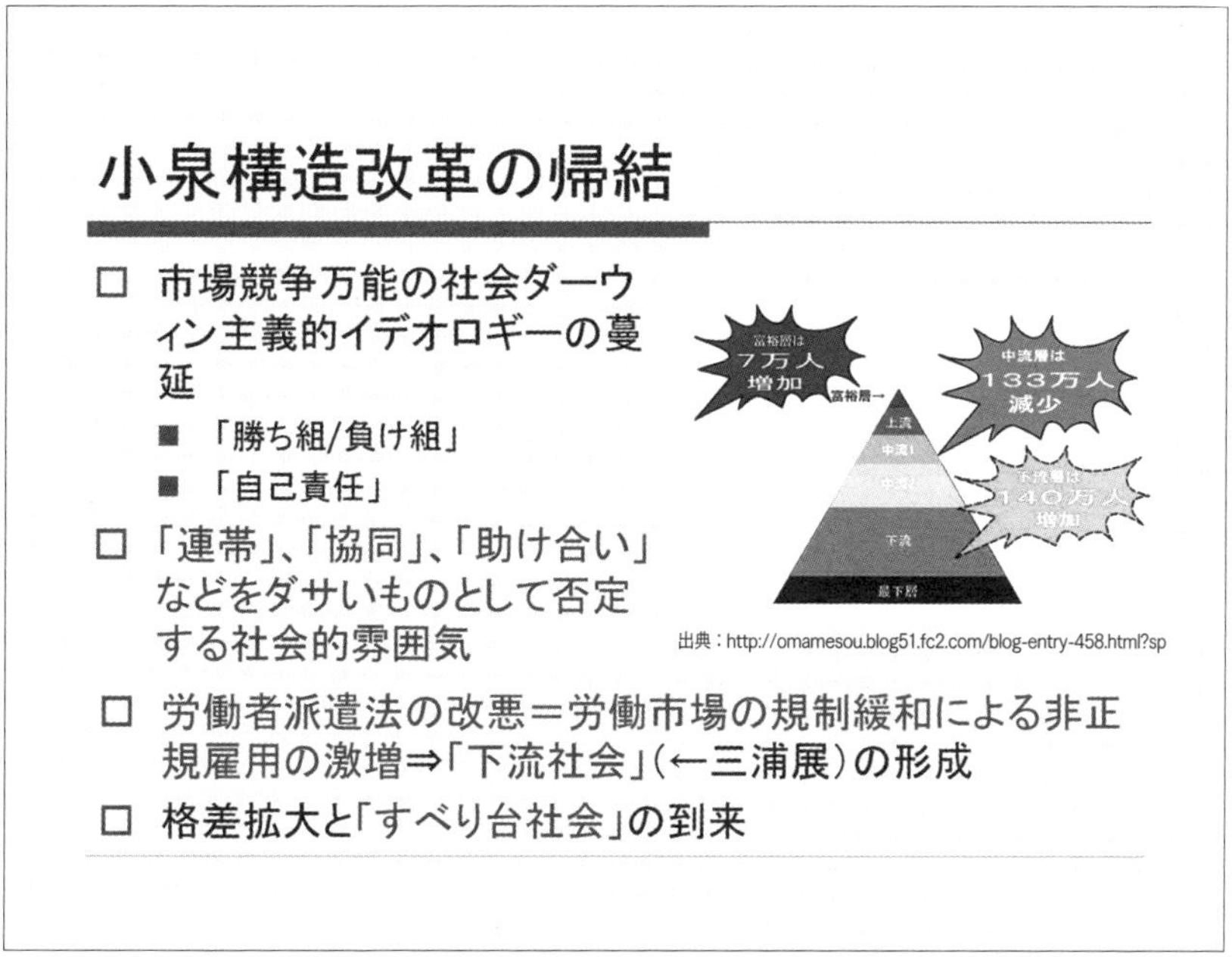

出典：http://omamesou.blog51.fc2.com/blog-entry-458.html?sp

そういう中で労働者派遣法の改悪が行われ、労働市場の「規制緩和」が進みます。これが実は小泉内閣の最大の業績です。だから郵政民営化などはどうでもよかったのです。これをやることで貧困と格差が拡大していく。それこそが小泉のやったことでした。その結果日本は、それまで「一億総中流」といわれていた日本社会でしたが、それがあっという間に「下流社会」へと転落してしまったわけです。そしてその挙句に非正規労働がどんどん拡大して、湯浅誠さんが言ったような「すべり台社会」へと移っていきました。まさに「貧困大国・日本」への道がこの小泉構造改革から歩みだされたということになります（図7）。

4. 政権交代とカウンターポピュリズム

ポピュリズムにポピュリズムで対抗する政治

それが一番深刻に現れたのが2008年でした。この小泉「構造改革」の大失政、それは新自由主義的な改革で財政再建をするということでしたが、結局何もできなかった。財政再建もできず、郵政改革をしても何も変わらず、ただひたすら貧困が拡大したということにみんなが気づいた。それが2008年の「年越し派遣村」でした。そして小沢一郎という人が「国民の生活が第一。」と言い出しました（図8）。僕はその時にこの人は凄い天才だと思いました。この人はともかく政治的な勘が鋭いですよね。だからその時のこの一言、小沢一郎という人から「国民の生活が第一。」という言葉が出たときには、正直なところ「アッやられた！」と思いました。そしてあの鳩山由紀夫という宇宙人みたいな変な人が「友愛」とつぶやきました。この人に「友愛」とつぶやかれたらヘナヘナとしてしまいますが、僕はこの「国民の生活が第一。」と「友愛」という言葉が出た瞬間、「こりゃ負けた！」と思いました。

確かに天才だと思います。でもどういう意味で天才かというと、彼もまたポピュリストだったのです。小泉純一郎のポピュリズムに対して小沢一郎はカウンターポピュリズムをしかけたということです。やり方も手法も一緒です。小泉氏はたぶん電通を使って、小沢さんはおそらく博報堂を使ったというぐらいの違いしかありません。とにかく今はこういう広告会社が、トータルプランニング、プ

(図8)

自民党から民主党への政権交代とは何だったのか？①

- □ 小泉政権以降の市場原理主義と構造改革路線が日本型「企業国家」を真に改革するものではなかったことが明らかに
- □ 市場原理主義と構造改革路線は、格差社会＝「すべり台社会」をもたらしたに過ぎず
- □ ポピュリズム的政治手法
- □ 「国民の生活が一番」
  - ■ 小泉構造改革によって、生活を脅かされた人々の不満を煽り
  - ■ 自由民主党と霞が関官僚を敵対勢力に設定して、激しく攻撃
  - ■ 「政権交代」「国民の生活が一番」を連呼
- □ 小泉的手法を駆使して、市場原理主義と構造改革路線に対する不満を糾合

ロデュースをして政権を演出しています。今度の東京オリンピックのエンブレムの問題や国立競技場の問題も、全部背後に電通や博報堂がいるということはみなさんご存知でしょう。あの不明朗なエンブレムの選択過程やデザインの選択過程も、すべてに電通や博報堂が絡んでいるということが一部で語られているのですが、いずれにせよ政権交代にまで電通や博報堂が絡んで演出するという、これがまさにポピュリズムのやり方でした。

　みなさん、覚えていらっしゃいますか。難破船に菅、小沢、鳩山の3人が乗って嵐の中を振り回されながらふっとばされて起き上がって「国民の生活が第一。」と言う、よく出来た懐かしいコマーシャルがありましたが、でもまさにそういうテレビと広告代理店の力を使って、小泉構造改革が生み

出した格差と貧困に対してカウンターポピュリズムをしかけたのです。

根拠も覚悟もなかった民主党政権

その結果、３０００万票というとんでもない得票を得て民主党は政権を獲得します。この時に掲げた政権公約ですがこれは大事にとっておいたらいいと思いますが、この政権公約は非常に良くできていました。だけどほとんどそれを実現する根拠、裏付けがなかった。でもやらなきゃならないことは見事に書きだされていました。この公約を見た時には、これは期待していいのかなと一瞬思いました。実は正直なところかなり期待をして、小沢民主党が日本を変えてくれるかも知れないと確かに思ったわけです。

でも本当に、あっという間にすべてを裏切っていきました。政権公約をすべて書き出してそれがどうやって裏切られていったか、その一覧表を作ったことがありますがそれは見事でした。鳩山総理が普天間の飛行場の問題で「学べば学ぶほど抑止力の大事さがわかった」と言った瞬間にすべてが瓦解していった、そういう感じでした。

いったいそれは何だったのか。それは結局、ポピュリズムの繰り返しでしかなかったのです。小泉流ポピュリズムに対して小沢流ポピュリズムを行った。だから政権公約は見事なものを掲げたけど、それを本当に実行するために権力と対峙してそこに切り込んでいく覚悟と準備が彼らにはまったくありませんでした。権力とはどこに存在するのか。米国と大企業と霞が関に権力が集中しているわけですが、これと本気で対峙するという覚悟が彼らにあったのかどうかということです（図９）。

（図9）

自民党から民主党への政権交代とは何だったのか？②

- ポピュリズム的手法に訴えたマニフェストの非現実性
- 日本型「企業国家」の本質的な改革に踏み込めず
- 米国、大企業、霞が関官僚組織（＝日本型「企業国家」の権力主体）と対峙する覚悟の欠如
- 権力との対峙を支える強固な国民的支持基盤の欠如

そしてそれ以上に問題だったのは、この権力と対峙して本当に普天間基地を県外、国外に移設し、無駄な公共事業を本気で止め、八ッ場ダムも止め、そして農家の個別補償も行い、子育ての給付金も出すというように、そんなことをやっていこうとすれば、それは民主党を支える非常に強固な支持基盤がなければできない。だけど彼らは3000万票集めたその「風」の力でそれを実現しようとしたのです。だから結局、成功しませんでした。

もはや「風」の時代は終わった

この民主党の失敗から学ぶべきことは何か。それは僕らも「風」に期待してはダメだということです。今日の参加者のみなさんの中にも、今度は共産党に「風」が吹かないかなあと思ってる人がいるでしょう

が、それではダメです。「風」が吹くのを待っていてもダメですし、あるいは「風」に吹かれて政権についたとしても絶対にろくなことはありません。もう「風」の時代ではないのです。国民は「風」に吹かれて小泉を押したり、小沢一郎を支持してきた中で何も得られなかったということをトコトン思い知りました。そういう時に「風」に期待をしているとしたら、僕らもまた愚かものです。もはや「風」の時代は終わりました。それがこの民主党による政権交代の教訓だったと思います。

5. 橋下維新政治とポピュリズムの再来

大阪での「改革詐欺」

そしてその後、橋下徹という人が現れました（図10）。とくに大阪に限られた現象かも知れませんが、もう一度ポピュリズムを、小泉時代のやり方を真似して進化させようとします。やり方がそっくりです。小泉政権がやったことをただ忠実になぞっているだけです。しかし、小泉さんよりずいぶん狡賢いですね。小泉さんのほうが純ちゃんですからウソのつき方がそんなにエゲツくはないんですよ。でもこの人は本当にウソはひどい。またパフォーマンスも派手だけど、闘う敵の公務員が違っていた。公務員を相手にしても小泉さんの場合は高級官僚でしたが、この人は公務員労組を敵にまわして、国民から見ると公務員も官僚も同じように見えるのでそれをうまくずらしたんだけど、とことん公務員労組叩きをするというバージョンアップをしたやり方を仕掛けました。でも小泉の言う「郵政改革」と彼が掲げた「大阪都構想」はまったく同じ対になるものでした。

橋下維新は「大阪都構想」で「大阪都」ができたら何もかも解決するかのようなことを言っています。何が解決するというんでしょうか。そのことは「都構想」との闘い、住民投票の闘いで学んだことなので繰り返しませんが、何かそういう改革への幻想を持たせて支持を集めるという、僕はこれを「改革詐欺」と呼んでいますが、こういう仕掛けです。

でも今度は「都構想」がどうも評判が悪いので「副首都」と言い出しました。これもいったい何を

（図10）

ハシズムの跋扈
ポピュリズム的政治手法の深化①

- □ 小泉的なポピュリズム的政治手法のバージョンアップ
- □ 大衆の不満や不安を煽る
  - ■ 政権交代への期待を裏切られた不満
  - ■ 自民・民主＝二大政党への不満
  - ■ 震災・原発事故・財政危機に対する不安
- □ 小泉構造改革で痛めつけられた若年層のやり場のない不満やストレスを、派手なパフォーマンスで解消

やるのかわからない。堺屋太一氏が「10万人の大盆踊り大会」とか言っています。何か10万人の大盆踊り大会をやったら大阪が良くなるというんでしょうか。笑っちゃいますね。また「副首都」といいながら、しかも猪瀬直樹氏なんかは5000万円を受け取ってお縄になった人ですが、そういう人を呼び寄せて何を言い出すかと思えば、公益庁を作ってそれを呼んだらいいとか言っています。「副首都」とか言うから、東京の霞が関と国会と皇居のミニチュアを大阪に全部作って、直下型地震などで万が一に東京の首都機能が潰れた時に、スムーズに大阪に移してくる、そういう話かなと最初は思いました。でも、端から全然そういう話ではなくて、公益庁、特許庁、中小企業庁の誘致というようなチャチな話をしているのですよ。だけどあのダブル選挙では

大阪が「副首都」になるんだと、中身に関係なくボヤーッとした期待を大阪の府民・市民に持たせたのです。こういうやり方はまさに小泉「郵政改革」と同じで、そろそろこれに懲りなきゃいけないのだけど、なかなかそれができないわけです。

ただこれも決して勘違いしてはいけないのは、よくメディアなどがいうように大阪府民・市民が橋下の言うことに騙されて、「風」に吹かれて支持しているということではないんだということです。もう「風」は吹いていません。今回のダブル選挙もまったく「風」は吹きませんでした。だから「都構想」の住民投票では69万5000票取ったのに、大阪市長選挙では59万5000票しか取れなかったじゃないですか。10万票も減らしています。僕らももっと減らしましたが。この件はあとで分析します。

橋下氏は小泉さんとは違って公務員労組をターゲットにしました（図11）。これは本当にいやらしいのですが、要するに公務員のほうが民間よりも給料が高いということに対する嫉妬心を利用したのです。これを「引き下げのデモクラシー」とか「ジェラシーの政治」とか言いますが、足を引っ張るということです。公務員の給料が高いといってもたかだか知れています。その公務員の給料を下げるということに非公務員の人たちを動員するわけです。違うでしょ！　本来なら公務員並みに引き上げろという話でしょう。今までそうやって闘ってきたじゃないですか。でもその話を逆転させてしまう。公務員並みに引き上げろという労働運動をやってきたのに、公務員を民間並みに引き下げろと煽り立てることによって、公務員労組をスケープゴートにして拍手喝采を浴びるというやり方をして、一定の支持を集めたということになります。

（図11）

ハシズムの跋扈
ポピュリズム的政治手法の深化②

- □ 統治機構改革を前面に打ち出すことで、政策内容（対米従属、新自由主義＝市場万能主義）を後背に
- □ 「政敵」（＝スケープ・ゴート）としての公務員労組の設定
  - ■ 財政再建・財政支出削減の一環⇒増税の前に「まずは身を削れ」という大衆の不満
  - ■ 非正規若年層の公務員への羨望・嫉妬
  - ■ 無権利状態で酷使される非正規労働者の不満⇒「特権」で保護された公務員へ
  - ■ 「民間ではありえない」という決まり文句

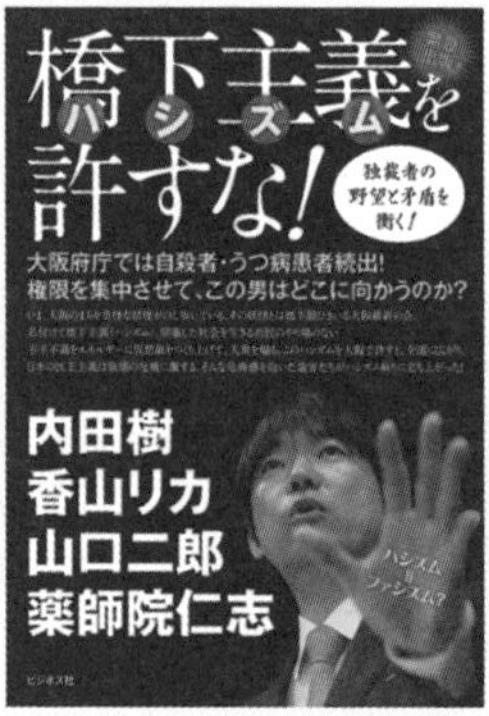

（ビネシス社、2011年11月）

最も危険な段階が訪れていた

このように、小泉氏が登場して、小沢氏がカウンターポピュリズムを仕掛けて、橋下氏らが第三極とか言って現れて、人々が「風」に吹かれて、振り回されながら投票するという、この状況が日本の民主主義にとって非常に危険な段階でした。それはまさに国民主権と議会制民主主義の危機であって、それは昨年起きたのではなくて、僕はものすごく深い危機は、この小泉、小沢と続いた時代、そして橋下が出てきた時だったのだと思います。あの頃こそ、一番危機が深かったのです。

それはなぜかというと、競争と貧困によって、「勝ち組」も「負け組」も、誰もが自分の頭で物事を考える余裕を失い、その不満・不安を煽られて、議会でちゃんと熟議をし議論を尽くして解決をしていくとい

（図12）

日本型ポピュリズムの跋扈と議会制民主主義の危機ー構造改革・政権交代・ハシズム

- □ 日本型「企業国家」の断末魔
- □ 小泉・竹中構造改革⇒「すべり台社会」の到来
- □ 競争と貧困により、物事を考え、他者と討議する余裕を失った人びと
- □ 熟議のプロセスを踏むことを待つ余裕の喪失
- □ 物事を単純化し、「白か黒か」の選択を迫って、「あとは俺にすべて任せろ！」と「白紙委任」を求める強い＝マッチョなリーダーへの期待
- □ 国民主権と議会制民主主義の危機
- □ 戦争責任を踏まえた平和主義の危機

うプロセスを待てなくなってしまった。それだけ追いつめられていたのです。この状況につけ込んで物事を単純化して、白か黒かを選択させ、あとは白紙委任しろと。こういう政治のやり方を許してしまうと、それはもう独裁政治以外の何物でもありません。小沢一郎氏も含めてこのやり方をもしこれ以上許していれば、日本は本当にファシズムになっていました。まさに国家が1つの危機を迎えていく中で、このようなリーダーが現れるというのは非常に危険で、そのリーダーにみんながビュンビュンと「風」に吹かれて投票する。これが一番危険です。ドイツはまさにそのようにしてヒトラー政権を生んだのです。その危機がまさにこの時に訪れていたと思います（図12）。

6. ポピュリズムの終焉と大量棄権層の出現

「風」が止まり、危険は去った

そしてその後、安倍晋三氏が政権を奪還したわけですが、この時に僕は、日本の民主主義の危機はひとまず去ったと思ったのです。どうしてか。それがこの自民党の得票数の問題です。1881万票というのは2009年に民主党に大敗したときの得票数です。1662万票はそれより200万票も少ないのですが、でもこれが安倍君が「日本を取り戻す」と言って政権を獲得した時の得票数です。民主党に大敗した時よりも政権を回復した時のほうが減らしています（図13）。なぜそうなったのか。みんな、棄権したからです。棄権したことは一歩前進です。つまり「風」に煽られることを止めたわけです。それ以来、実は日本の政治にはほとんど「風」が吹いていません。今度の大阪ダブル選挙についても、「風」で橋下君が勝ったようなことが言われていますが、実際には吹いてはいません。ほとんど吹かなかったと思います。もちろん僕たちの側にも吹きませんでした。ですから「風」は止まった。「風」が止まったということはもうメディアを使って国民を煽ることができなくなったということです。安倍君は何を勘違いしたかメディアに圧力をかけてメディアを味方に取り込めば勝てると思っているようですが、無理なんです。もう国民はメディアに煽られなくなったんです。間違いなく賢くなりました。

(図13)

安倍・自民党の政権奪還①

- □ 2012年総選挙の結果
  - ■ 自民294議席　公明31議席
  - ■ 衆議院3分の2を超え、参議院で否決されても再可決可能に
- □ 大敗した2009年総選挙から得票数を減らした上での大量議席獲得
  - ■ 比例代表　1662万←1881万
  - ■ 選挙区　　2564万←2730万
- □ 比例得票率　27.6%(全有権者比　16.0%)

2000万人の大量棄権層

つまり、小泉氏や小沢氏に期待をしたけど裏切られ続けてきた。2600万票を与えて期待したけど結局何も変わらず、逆に格差と貧困が拡大し「すべり台社会」になった。「年越し派遣村」ではものすごく悲惨な状況が見出され、そこに小沢一郎が来て「国民の生活が第一。」というものだから、小沢に期待したけどことごとく裏切られた。何もしなかった。むしろ震災が起きて、原発事故が起きて政府がいかに無能かということを見事に露呈してしまった。もう二度と民主党なんかに入れるもんか、そう思った。そこに橋下が出てきて、ちょっとかっこいいからと思って1000万人ぐらいが浮気をしたのだけど、その直後に「慰安婦」問題でどうしようもない問題発言をした。「慰安婦」は必要だった。アメリカ

の海兵隊員は沖縄の風俗をもっと利用したらいいというようなバカなことを言ったから、その一言で吹っ飛んでしまったんだと思います。そして、「何だ、同じ穴の狢じゃないか」といって、みんな一気に維新からも引いていきました。

その結果、2000万人ぐらいの人が常に棄権する状態になりました。僕はこの人々のことを大量棄権層と呼びたいのですが、この人たちは、ものすごく今の政治に対する不満を持っているけど、もう自民党だ、民主党だ、維新だとか言ってビュンビュン「風」に煽られては投票しません。そのかわり滅多なことでは投票所には行かない。でもそれが「大阪都構想」の住民投票には足を運んでくれたのです。なぜ僕たちは「住民投票」に勝てたのか。30万人ぐらいの大量棄権層の人々が反対票を入れてくれたんです。あの時、一斉地方選挙では100万票しか出ていないのに、住民投票は140万票もの票が出ました。そしてダブル選挙は100万票しか出ませんでした。あきらかに40万人の人が投票所に足を運んだことになります。そのうち10万人ぐらいは橋下の「風」に煽られた人です。だけど30万人は反対の票を投じてくれました。これは「風」によるものではありません。私たちの訴え、対話に応えて覚悟をして投票してくれたのです。それだけの人たちが期待するだけの実態が「オール大阪」の側にあったからです。

だってそうでしょう。あの「住民投票」の時の私たちの闘いって、端から見ていても凄いなあと思われたと思います。自民党と共産党が一緒になってビラを撒いているんですから。そんな光景はダブル選挙にはなかったじゃないですか。あの「住民投票」の時には素晴らしい光景が広がりました。そういう中で、本当にこの人たちには期待してもいい、もう小泉や小沢や橋下などとは違うと思ってくれたからです。だから30万人が反対に投票してくれたんです。

大阪ダブル選挙の教訓

ところがダブル選挙はそうはいきませんでした。何かもうギクシャクして、共産党関係者に嫌がれるようなことをあえて自民党がやってみたり。それを端から見たら誰だってわかります。そんな中、涙ぐましく共産党の人たちが自民党候補を押そうとしているんだけど、なんか見てて可哀想になっちゃいました。そして支持者の人たちも、もうそんなことは止めたらっていう雰囲気になっていった。それを見ていた30万の人たちが、今度はちょっと投票にいくのは止めようかと思ったのです。だからピタッと投票所から足を遠ざけてしまった。

彼らは滅多なことでは投票には行かないのだから、よほどのことをしないといけないというのが教訓ですね。ですから大阪のダブル選挙は素晴らしい教訓をくれました。「住民投票」で30万人の大量棄権層の人たちが投票所に足を運んでくれ、こういうふうにすれば足を運んでくれたんだという、そのことを私たちは実証できました。その一方でこういうことをしたら彼らはまた棄権にまわるということも実証されたので、この轍を踏まないようにしていくことが大事なのです。そして今度の国政の参議院選挙も衆議院選挙も同じことが問われます。本当にこの棄権にまわった人たち、つまり2000万人の大量棄権層を誰がどういうふうに取り戻すのか、まさにそういうことが問題になっているのだと思います。

7.「風」頼みの「空中戦」から地を這うような「組織戦」へ

日本を取り戻せない安倍政権

安倍君はそういう中で、暴走を始めました（図14）。だけどそれは強さの表れなのかというと、実は弱さの表れなのです。彼だってわかっています。自分たちが民主党に大敗した時の票を取り戻していないということは一番よく知っています。だから決して強い基盤には支えられていない。だから経済がうまくいっているうちになんとかやりたいことをやろう。そのためにはもう手段は選ばない。そういう状況になって追い込まれていきました。

そして結局、最初の選挙から2年間の暴走を繰り返した結果、解散総選挙へと追い詰められました。みなさんは、前回の総選挙は別に安倍首相が喜んでやったのではなくて、相当追いつめられてやったということを覚えていますよね。十分な支持基盤もない中で暴走してその結果、解散総選挙に行かざるを得なくなった。だけどその結果、また安倍君は勝ちました。じゃあ安倍君は日本を取り戻したのかというと、この表をみてください（図15）。確かに100万票増えました。でも民主党に負けた時の得票にはまだ届かない。今度、総選挙をやったとしても同じでしょう。届かない。もう本当に棄権した人たちは滅多なことでは投票してくれないのです。そして自民党はもう1800万票という民主党に大敗した時の得票を取り戻せない政党になってしまいました。さらにこの間、これをもっと減らしています。たとえばTPPの合意は農業関係者と医療関係者へのどう

(図14)

暴走始めた安倍政権

AP／アフロ

- □ 就任1年を経て安倍政権の暴走が本格化
  - ■ 日本版NSCの設置
  - ■ 特定秘密保護法の制定強行
  - ■ 靖国神社への参拝強行
  - ■ 辺野古埋め立て承認の強要
  - ■ 武器輸出三原則の廃棄
  - ■ 集団的自衛権容認の解釈改憲
- □「戦争する国」づくりへ

しようもない裏切りですから、もっと減っています。それから「慰安婦」問題の日韓合意、あれでネトウヨの人たちがカッカカッカと怒りまくっていますから、彼らも逃げた可能性がある。あんな合意でもネトウヨから見れば許しがたい裏切りです。軍の関与を認めているし、首相として詫びているわけですから。ネトウヨたちはカンカンに怒っています。だからさらに支持を減らしています。

ですから、今度の参議院選挙でも総選挙でも1800万票は取れないでしょう。安倍君はものすごく弱気になっていて、昨日の年頭会見では参議院選挙では与党で過半数だと言っていました。自民党単独過半数じゃなくて与党で過半数です。つい最近までは3分の2を取るって豪語していたのにですよ。つまり彼は今はものすごく弱気

（図15）

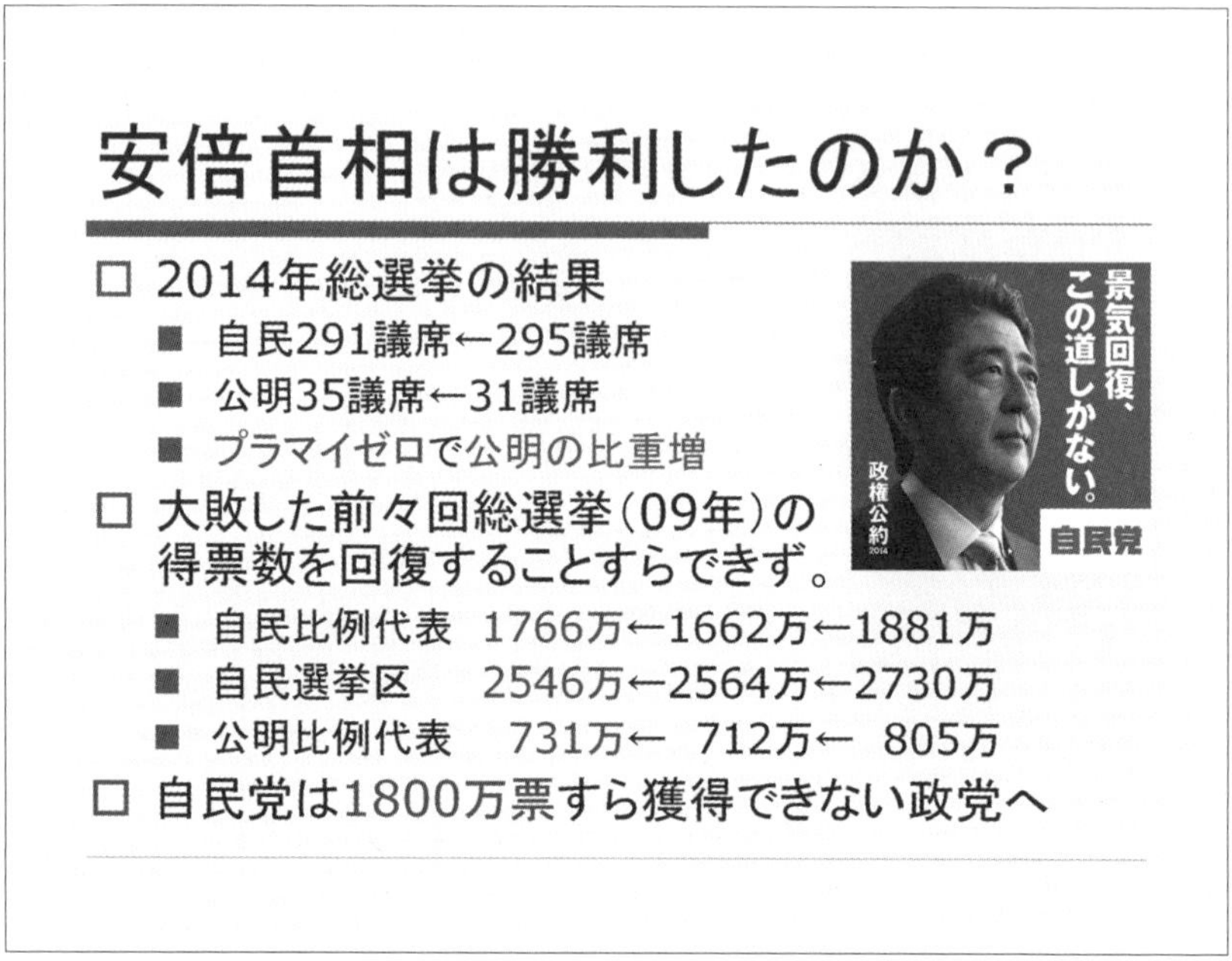
安倍首相は勝利したのか？
□ 2014年総選挙の結果
■ 自民291議席←295議席
■ 公明35議席←31議席
■ プラマイゼロで公明の比重増
□ 大敗した前々回総選挙（09年）の得票数を回復することすらできず。
■ 自民比例代表 1766万←1662万←1881万
■ 自民選挙区 2546万←2564万←2730万
■ 公明比例代表 731万← 712万← 805万
□ 自民党は1800万票すら獲得できない政党へ
景気回復、この道しかない。
政権公約 2014
自民党

になっています。それは何故かというと野党の共闘も進み始めているし、国会を十重《とえ》二十重《はたえ》に取り囲んだ人々の運動が途絶えないなど、そういうこともあって予防線として過半数と言っているわけです。でも本当に正味、自民党の力がここまで落ちているということを私たちは忘れてはいけないと思います。

「風」に期待してはいけない

２０１４年末の総選挙で誰が勝って誰が負けたのかということを見る時、明らかに負けたのは第三極でした（図16）。政党が離合集散して入れ子になっているのでどこが勝って、どこが負けたのかわかりにくいのですが、こうしてまとめてみるとわかります。すると、次世代、維新、みんな、結などが前回の参議院選挙と比べて合わせ

（図16）

誰が勝ち、誰が負けたのか①
景気回復、この道しか
維新の党
次世代の党
今こそ、流れを変える時。
暴走ストップ！政治を変える
MANIFESTO
民主党
日本共産党
□ 次世代ー141万:2議席 ←維新ー1226万:54議席
維新 ー838万:41議席 みんなー525万:18議席
計 980万:43議席 ←1752万:72議席
▲770万:▲29議席
□ 自民党ー1776万:291議席←1662万:295議席
公明党ー731万:35議席 ←712万:31議席
計 2508万:326議席←2374万:326議席
△113万:±0議席
□ 民主党ー978万:73議席 ←963万:57(63)議席
△15万:△16(10)議席
□ 共産党ー606万:21議席 ←369万:8議席
△237万:△13議席

て８００万票減らしています。また民主党ですが、政権交代時に３０００万票取っていたのが１０００万票届かないという政党になってきました。そして共産党にちょっと「風」が吹いた。でもこれも「風」ではダメですね。「風」を期待してはいけない（図17）。

で、結局、民主党ももう票は戻らない。どこかの民主党の人が共産党と組んだら保守票が逃げると言っていましたが、保守票なんかもうどこにもありません。連合の組合員と得票数とを比べて見れば、もう保守層もなにもないと解るはずです。彼らは自分たちがどういう人たちに支持されているかその自己分析もできていない。一方、自民党は頑張っても頑張っても取れない。もっとおもしろいのは公明党です。公明党はかつて８００万票取っていました。それ

（図17）

誰が勝ち、誰が負けたのか②

- 有権者の選択全体が「右」から「左」へとシフト
  - 「次世代」の壊滅、「維新」・「みんな」を含む改憲・右派の全体的な後退ー980万:43議席←1752万:72議席
  - 集団的自衛権・9条改憲に腰の重い公明党を切り、「次世代」・「維新」に鞍替えする条件が消える
  - 日本共産党の一人勝ちー606万:21議席←369万:8議席
- 9条改憲・「極右」路線へのブレーキ
  - 「右」の後退と、自民党の得票力の回復が見込めない以上、公明・創価学会の比重が高まる
  - 安倍首相の「極右」的指向に追随する公明党と、曲がりなりにも「平和」を指向する創価学会との矛盾の深刻化
  - 集団的自衛権・9条改憲への暴走は、自公間の亀裂を拡大

が今回は730万票に落ちています。今度の安保法制のたたかいの中で、創価学会の旗がいっぱいデモの中に立ちました。あれを見れば、さらにこの票を減らすことになるだろうと思います。すると公明党頼みの自民党の得票はさらに減っていくことになります。

「オール沖縄」が教えてくれた

そういうなかで誰が勝ったのか。その唯一の勝者は「オール沖縄」です（図18）。これはすごかった。先程も話したように、長年の自民党員さんたちが生まれて初めて赤嶺政賢と書いて手が震えた、いや足が震えたとか言われてますが、でも4区の共産党の人たちも仲里利信と書いてたぶん手が震えたでしょう。知事選挙で翁長さんを押し上げるというのはまだいいのですが、だけ

（図18）

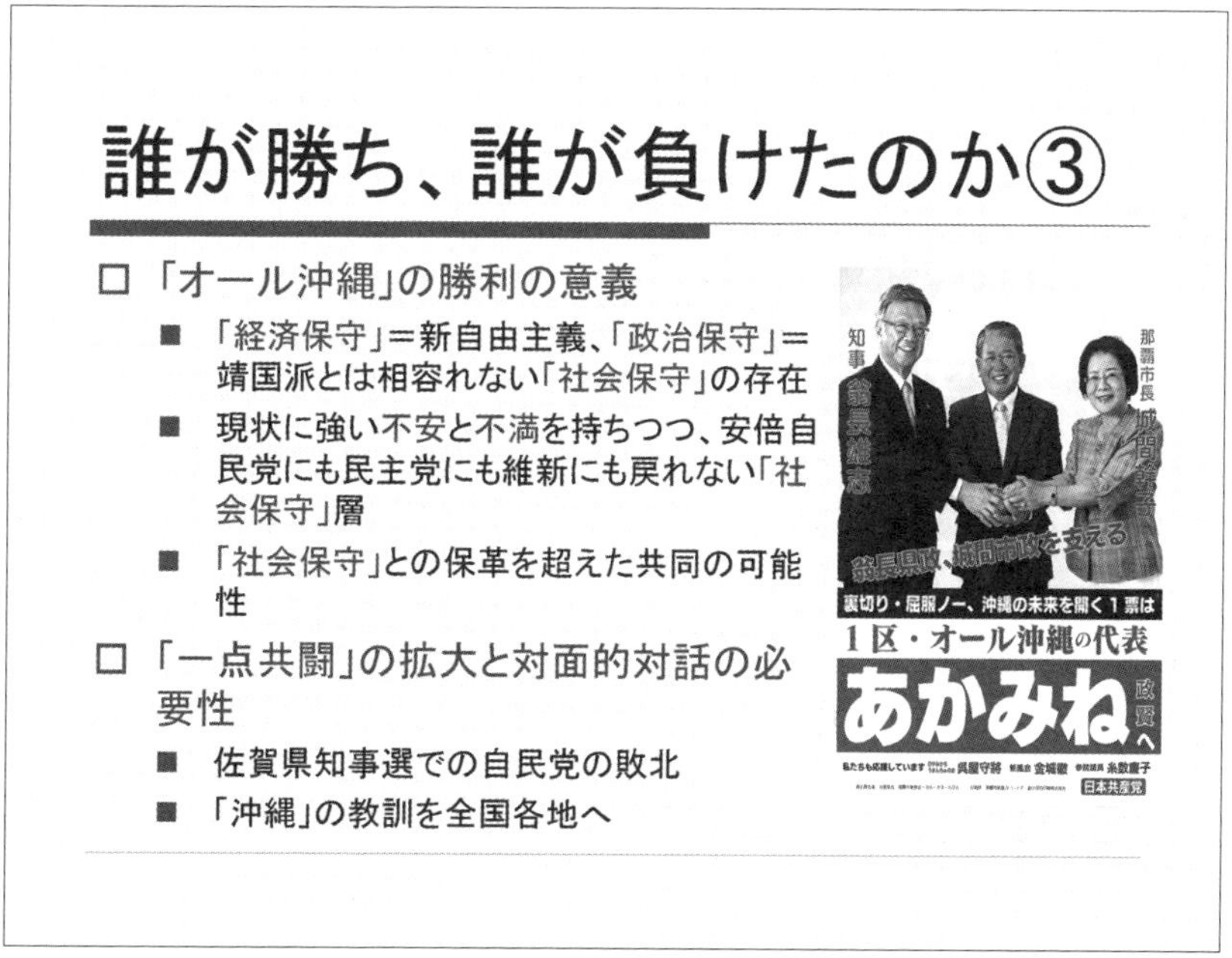
誰が勝ち、誰が負けたのか③
□「オール沖縄」の勝利の意義
■「経済保守」＝新自由主義、「政治保守」＝靖国派とは相容れない「社会保守」の存在
■ 現状に強い不安と不満を持ちつつ、安倍自民党にも民主党にも維新にも戻れない「社会保守」層
■「社会保守」との保革を超えた共同の可能性
□「一点共闘」の拡大と対面的対話の必要性
■ 佐賀県知事選での自民党の敗北
■「沖縄」の教訓を全国各地へ
知事
那覇市長
裏切り・屈服ノー、沖縄の未来を開く１票は
1区・オール沖縄の代表
あかみね
政賢へ
日本共産党

ど今度の総選挙ではそれだけには止まらない。１区は赤嶺政賢さんで、４区は仲里利信さんというように候補者調整をして、元々自民党員だった人たちがみんな赤嶺と書く、そして共産党員の人たちが仲里と書く。彼は元自民党沖縄県連幹事長ですよ。そして４人共に当選しました。それはすばらしい結果だったと思います。

どうも日本の保守層が完全に分裂・解体されようとしているということを、この沖縄の選挙は私たちに教えてくれました。それが私たちにとってとても重要な手がかりになりました。そして結局、総括としては先程もお話したように、日本型ポピュリズムの非常に危険な状態から私たちは脱することができたということになります。

小泉氏や小沢氏のようなマッチョなリーダーに期待して「風」に吹かれて、小泉氏

（図19）

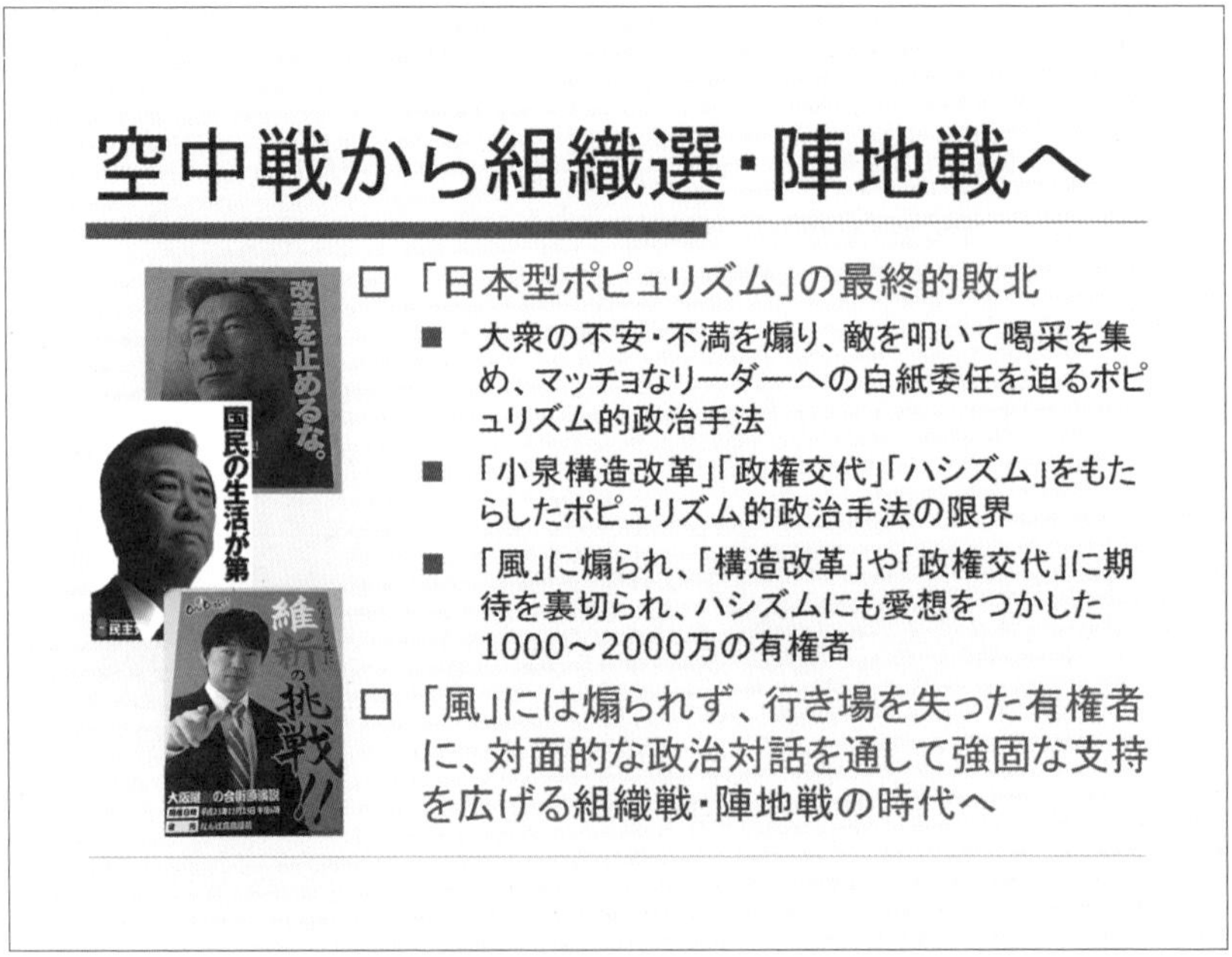

に2500万〜2600万票、小沢氏に3000万票というようにやってきた。そして橋下維新にも1200万票というように与えてきたその人たちが、この選挙以来、ピタッと投票に行かなくなりました。まさに大量棄権層が出現しました。その数はおよそ2000万人です（図19）。

2000万人の受け皿をどうつくるか

この2000万人はどういう人たちなのか。もう「風」に煽られない、賢くなった。そして行き場を失いました。自民党にはもう戻りません。戻らないということはこの間の選挙を通じてはっきりしました。民主党にも戻りません。相当、愛想を尽かしています。今のままの民主党には入れないでしょう。かと言って共産党に入れるかというと、それはなかなかハードルが高

（図20）

「風」だのみの「空中戦」から、地を這うような「組織戦」「陣地戦」へ

- □ 今回のW選挙は、「風」頼みの「空中戦」ではなく、組織と組織がぶつかりあった「組織戦」
- □ 投票率・得票数（大阪市内）
  - ■ 統一地方選　約50%　約100万票
  - ■ 住民投票　約67%　約140万票
  - ■ W選挙　約50%　約100万票
- □ 大量棄権層（全国で2000万）のうち40万が住民投票では投票所に。W選では棄権に戻る
  - ■ 自民にも、民主にも、維新にも愛想を尽かした大量棄権層の存在
  - ■ かつては風に吹かれて、小泉構造改革を支持し、民主党の政権交替を支持し、橋下維新を支持したが…

い。それはどうしてかというと、基本的にこの人たちは元々保守的な人たちです。そしてこういう人たちが２０００万人いて第１党です。だって自民党は１８００万票しか取れないのですから。この２０００万票の人たちを誰が味方につけるか。そのことによって日本の政治は決定的に変わります。その数は自民党をあっという間に上回ります。今、民主党と共産党を合わせれば１５００万票あります。そして棄権する人が２０００万票います。足せば３５００万票になります。そこでこの人たちをどうやって選挙に参加してもらうようにするのか。どう受け皿を作るのか。その答えが問われているのです（図20）。

　ではこの人たちにはどういう働きかけが必要なのでしょうか。もう「風」には吹かれない、メディアをもう信用してないので

（図21）

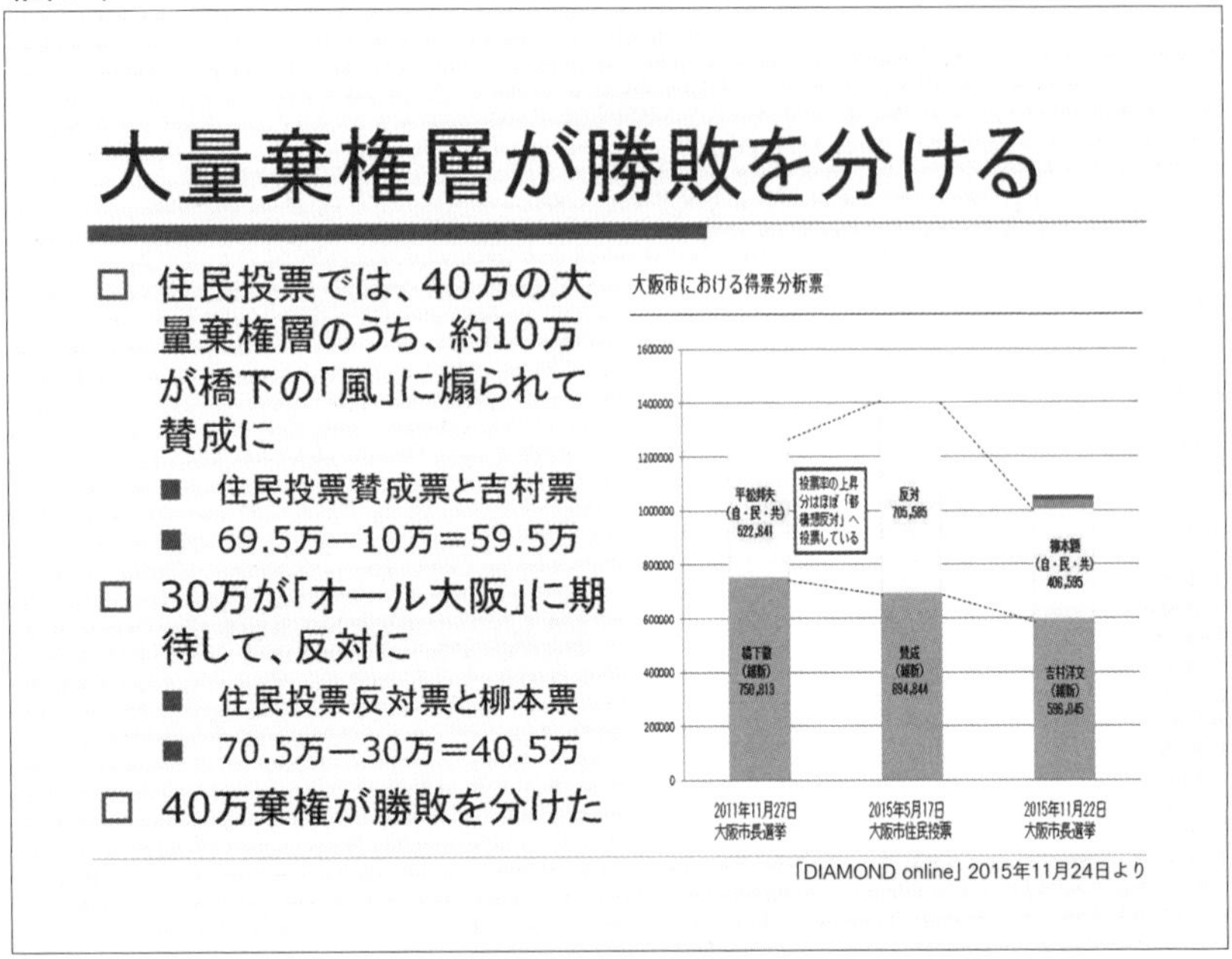

す。それなら対話をするしかない。徹底的な対話をする以外にありません。大阪の住民投票とダブル選挙は何が違ったかというと、それは対話数でした。街頭での対話数、戸別訪問まではいかないけど、でも街頭でものすごい多くの対話が行われました。そこで意見を変える人、対話を通じて考えると言ってくれた人たちがいっぱいいた。あるいは投票に行かないと思っていた人が投票所に足を向けてくれた。路地裏や街頭やいろんなところで繰り広げられた対話。それがあの住民投票の勝利を呼び込むことになったのです（図21）。

政治的対話の時代へ

今は全国でも一緒です。何が求められているかというと、それは対話です。そしてその対話のための武器が奇しくも、そこまで考えて提案されたかのかは知りませんが、提案されています。それも目標数と見事に一致しているのです。これはみなさん、自分たちが署名してはダメですよ。2000万人の棄権にまわっている人たちに対話を通じてこの署名に名前を書いてもらうのです（図22）。

署名って一番対話をする時の武器じゃないですか。本当に、まさに時宜を得た提案だと思います。今はこの署名しかありません。署名用紙を持って1軒1軒回るしかない。そしてそこで対話をする。その人たちはかつては自民党に入れ、民主党に期待して、維新にちょっと期待してきたけれど、もう橋下もひどいじゃないかって言ってくれるはずです。

（図22）

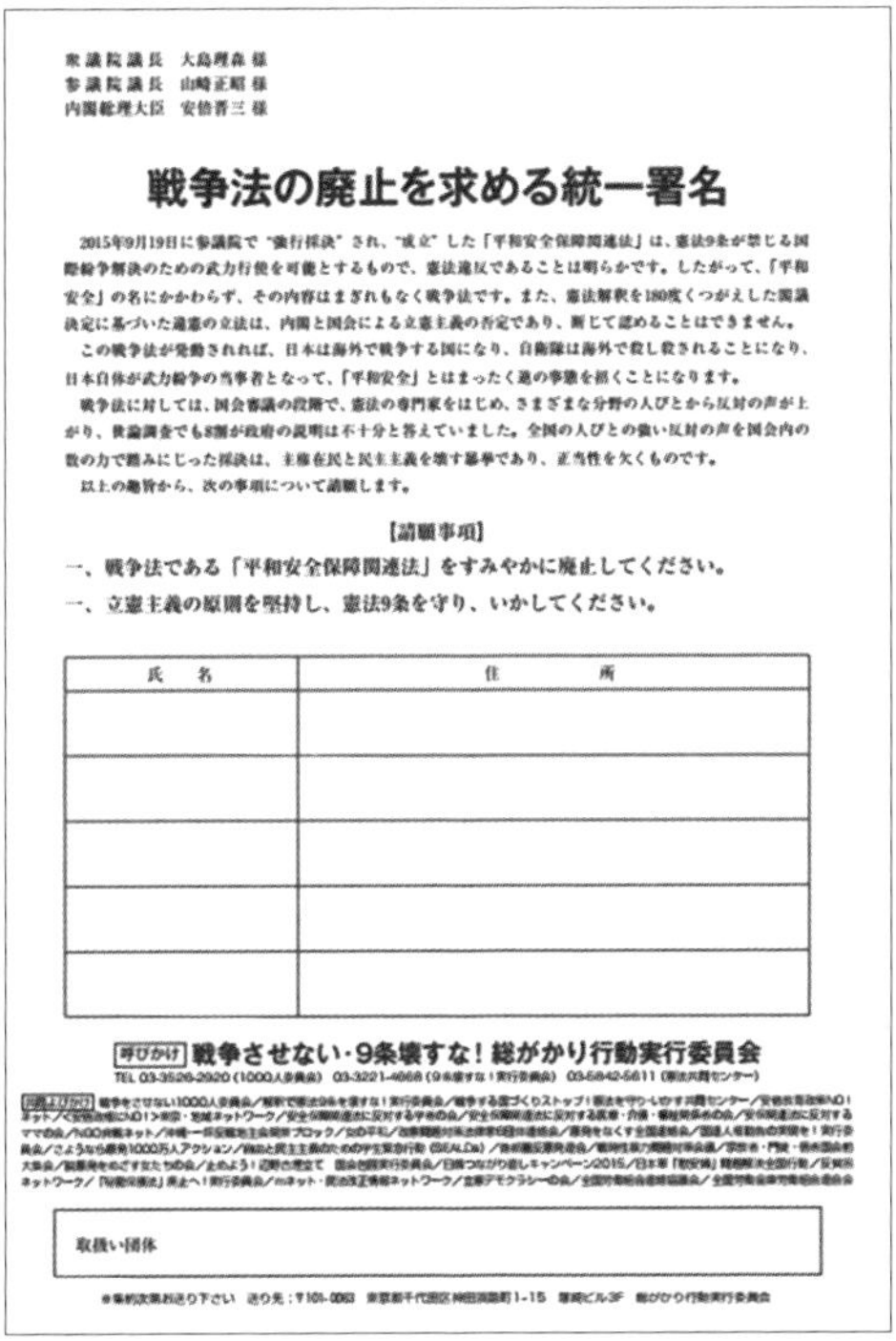
衆議院議長　大島理森 様
参議院議長　山崎正昭 様
内閣総理大臣　安倍晋三 様

戦争法の廃止を求める統一署名

2015年9月19日に参議院で“強行採決”され、“成立”した「平和安全保障関連法」は、憲法9条が禁じる国際紛争解決のための武力行使を可能とするもので、憲法違反であることは明らかです。したがって、「平和安全」の名にかかわらず、その内容はまぎれもなく戦争法です。また、憲法解釈を180度くつがえした閣議決定に基づいた違憲の立法は、内閣と国会による立憲主義の否定であり、断じて認めることはできません。

この戦争法が発動されれば、日本は海外で戦争する国になり、自衛隊は海外で殺し殺されることになり、日本自体が武力紛争の当事者となって、「平和安全」とはまったく逆の事態を招くことになります。

戦争法に対しては、国会審議の段階で、憲法の専門家をはじめ、さまざまな分野の人びとから反対の声が上がり、世論調査でも8割が政府の説明は不十分と答えていました。全国の人びとの強い反対の声を国会内の数の力で踏みにじった採決は、主権在民と民主主義を壊す暴挙であり、正当性を欠くものです。

以上の趣旨から、次の事項について請願します。

【請願事項】

一、戦争法である「平和安全保障関連法」をすみやかに廃止してください。

一、立憲主義の原則を堅持し、憲法9条を守り、いかしてください。

氏名	住所

呼びかけ　戦争させない・9条壊すな！総がかり行動実行委員会

取扱い団体

あるいは公明党、創価学会の人たちのところにも署名用紙を持って行きましょう。「まあ今の公明には本当に困ったもんだ」と。「僕も学会の旗を掲げてサドルのデモにも行ったんだけどなあ」っていう人がいるはずなんです。自民党員の中にもいるかも知れない。そういう対話が今、必要です。

まさにそういう徹底的な政治的対話を通じて、「組織戦」「陣地戦」によって支持を獲得していく。そういう時代が今、やってきたのです。そういう意味で日本の民主主義は危機を乗り越えたと思います。この2000万の人たちが「風」に吹かれていた間は危険だった。

この「風」は大阪でも止まりました。今度の大阪のダブル選挙はいろいろな総括の仕方があると思いますが、一番大きなことは「風」が止まったということです。橋下君でさえ「風」を吹かすことができなかった。ですからあとは対話しかありません。そういう段階に日本の民主主義はきているということになります。

郵 便 は が き

恐れいりますが、
切手を
お貼り願います。

5 5 3 - 0 0 0 6

大阪市福島区吉野
3 - 2 - 35

日本機関紙
出版センター行き

【購読申込書】

＊以下を小社刊行図書のご注文にご利用ください。

［書名］ ［部数］

［書名］ ［部数］

［お名前］

［送り先］

［電話］

ご購読、誠にありがとうございました。
ぜひ、ご意見、ご感想をお聞かせください。

＊お寄せ頂いた方の中から毎月抽選で
20人の方に小社の本、どれでも1冊プレゼント！

[お名前]

[ご住所]

[電話]

[E-mail]

①お読みいただいた書名

②ご意見、ご感想をお書きください

(プレゼント希望の書名：　　　　　　　　　　　　　　　　)

＊お寄せ頂いたご意見、ご感想は小社ホームページなどに紹介させて頂く場合がございます。ご了承ください。

ありがとうございました。

日本機関紙出版センター　でんわ 06-6465-1254　FAX 06-6465-1255

8.「保革」を超えた共同の広がり

広がる「オール沖縄」的共同関係

さてこの安倍政治、あるいは小泉時代から続いてきた政治に対して一矢報いたのが大阪でした。それは堺市でした（図23）。この堺のたたかいが大きな波紋を呼びました。この堺の闘いを見て、沖縄は名護の人たちが、堺でこれができるのなら沖縄でも当然できるだろうといって、稲嶺さんを押して闘ったのが「オール沖縄」の始まりです。堺が一番でした。だから僕は「日本の夜明けは堺から始まった」と言っているのですが、堺で勝ち、名護で勝ち、そしてその勢いをさらに強めて翁長知事が実現しました。

そして2014年末の総選挙では先ほど言いましたように、凄いですね、こういう候補者調整ができるという、これが「オール沖縄」の凄さです。翁長さんも仲里さんも元々は自民党県連幹事長でした。そのような人たちが「オール沖縄」の一翼を担って、共産党から翁長さん、仲里さんまでが力を合わせてたたかう態勢を作り上げてきたわけです（図24）。

だけど実はそれはどこでも起こりうることなのです。その1つが佐賀県です。ここで起これば日本中どこでも起きますよ。佐賀ほど保守の強いところはないのですから。この佐賀の樋渡啓祐という人は「佐賀の橋下」と呼ばれた人です。何をやったのか。TUTAYA図書館です。この人を自民党と公明党が押したのに対して、農協を中心とした保守層の人々も含む「オール佐賀」的な共同関係

（図23）

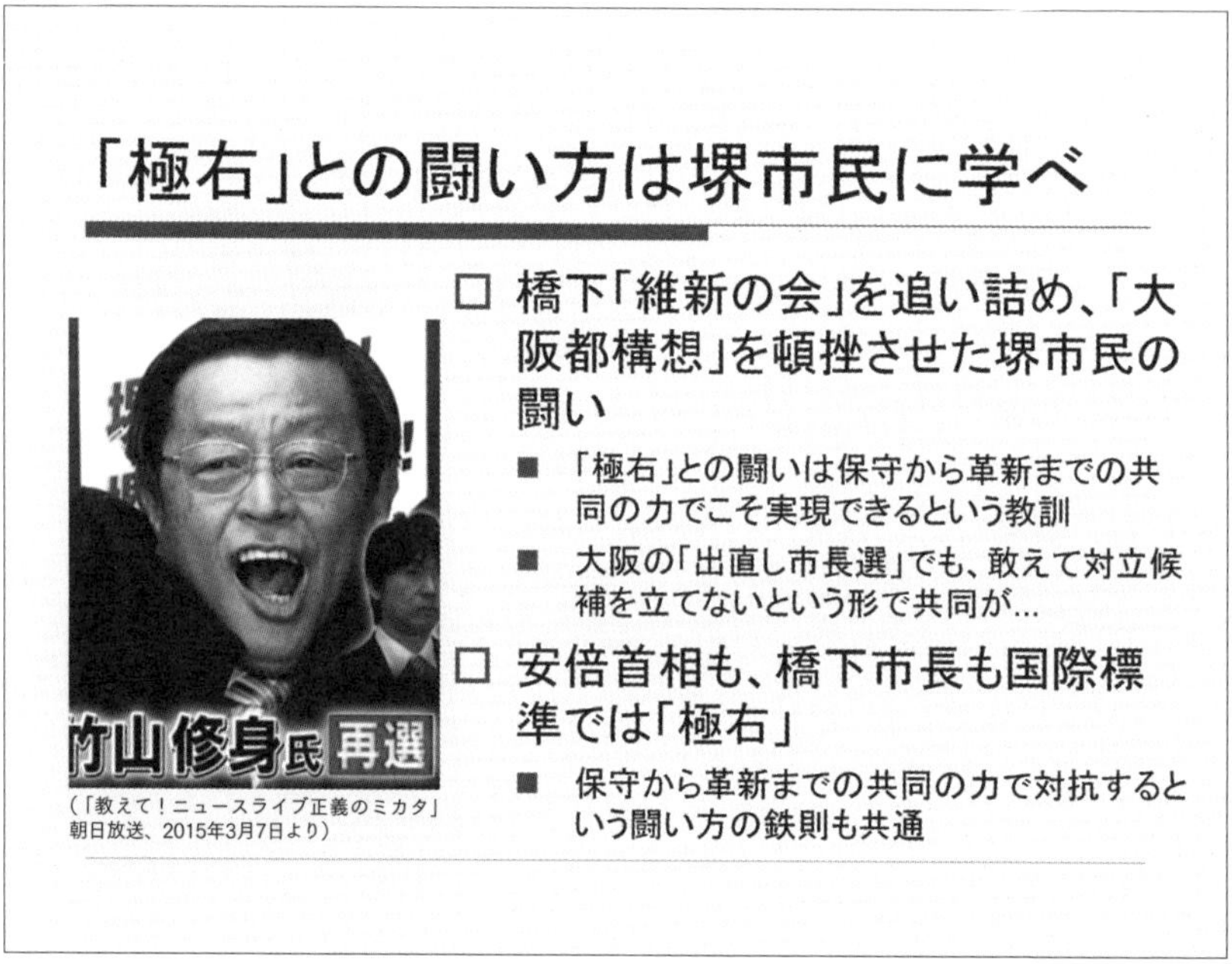

（「教えて！ニュースライブ正義のミカタ」朝日放送、2015年3月7日より）

が作られた訳ですが、その結果、樋渡氏を追い落として山口祥義氏が勝利をおさめました（図25）。このように佐賀でできるのですから熊本でもできる訳です。反安倍政治の野党共同候補がいの一番で決まったのは、なんと熊本でした。不思議なことに日本で一番保守的だと言われているところで先行しているのです。それが佐賀であり、熊本です。

こういうことが日本中でどんどん起きているわけです。そしてその一環として「なにわの市民革命」と言われた「オール大阪」による住民投票の闘いもありました。これについて語り始めたらキリがないので触れませんが、その中で実は解ってきたことがあります。僕らはこの住民投票の中で誰が橋下の支持層なのか、大阪維新の支持層というだけではなくて、安倍政治の支持層、

(図24)

(「しんぶん赤旗」2014年11月17日より)

これは共通しているわけですが、この人たちはどういう人たちなのかということがハッキリと解ってきました。体験的に解った訳です。

それは、メディアもそういうことを言うし、何かみんな解ったようなことを言って来たんだけれど、「橋下維新」というのは何か閉塞感を持った若い世代が「風」に吹かれて押しているんだろうと言われていたのですが、実はそれがそうじゃないということが解ってきました。

「橋下維新」を支える「勝ち組」ホワイトカラー層

本当の「橋下維新」の支持層はどこにいるのでしょうか。それは30代から50代のホワイトカラー「勝ち組」サラリーマン層です。この人たちは新自主主義的な経済政

（図25）

策を支持し、そしてそのような新自主主義的改革への幻想を捨てきれない人たちです（図26）。彼らは重税感を持っていて、大阪は貧乏人の町ですから、もっぱら税金を払っているのはこの「勝ち組」ホワイトカラー層になるわけです。つまり自分たちは税金を払っているのに、その税金によって行われる行政の恩恵を彼らはほとんど受けていないのです。ですからすごい重税感と被害妄想を持ち、自分たちの払った税金が大阪の貧乏人に使われていることに怒りを持っている。「年寄りと貧乏人ばかり得をしやがって」「なぜ俺たちの払った税金でそんな年寄りと貧乏人を助けなきゃいけないんだ」というふうに思っている心の狭い人たち。こういう人たちがたくさんいるのです。

　でもその人たちは必ずしも大阪で生まれ育ってきた人たちではありません。どこに

（図26）

維新支持層の二重構造

- □ 橋下維新と「都構想」のガチの支持層は、30代～40代男性「勝ち組」ホワイトカラー層と専業主婦層（30～40万票）
  - ■ これまでの地方選、出直し市長選、国政選挙の支持層
  - ■ 新自由主義的「改革」への幻惑
  - ■ 重税感と貧困層・高齢層に自分の税金が回されることへの不満
  - ■ 地下鉄民営化はじめ、民営化、民間委託などにビジネスチャンス
- □ 住民投票終盤で、橋下が「政界引退」を明言し、「橋下徹という政治家を殺さないで」との煽り（ポピュリズム的手法）に乗せられた20代～30代の若年層（20～30万票）
  - ■ 非正規化、貧困化による閉塞感
  - ■ 「改革」「既得権益の破壊」を掲げるマッチョなリーダーへの期待

住んでいるのか。都心部の高層タワーマンションに住んでいます。そして衛星都市の高級住宅街に住んでいます。東京本社から転勤で来ているのかも知れません。そういう人たちです。

すごいですよ。僕はびっくりしたのですが、住民投票の投票日に西区の投票所でスタンディングをしていた時ですが。そこにはオレンジのTシャツを着た「維新」の人たちも来ていました。するとそういう人たちが「維新」の人たちに「よおっ！」って挨拶をしながら投票所に入って行きます。西区の北堀江あたりですから、そんな人ばかりです。やはりあそこを見る限りでは大敗していましたね。だけどその人たちの何にびっくりしたかというと、奥さんというかパートナーの人が3歩後を付いて行く姿です。静々と。あれを見ると大阪にこんな街

があったのかと驚いたほどです。つまり文化が違うのですね。30代から50代のホワイトカラー、その「勝ち組」層というのは、大阪のおばちゃんたちとは違いますから。奥さんは専業主婦です。外に出るときは夫を立てて3歩後ろを歩くのです。そんな文化があるのです。だけどそういう文化を持っている人たち、それが「維新」のコアなガチの支持層です。何があっても「維新」に入れる、そういう人たちなのです。

そういう人たちが実は大阪市内には30万人～40万人ぐらいいます。そしてそのコアな支持層のまわりに、最後に橋下君が「負けたら辞める」って言って煽りまくった若い貧困層が取り巻いている。これは「風」で煽る。今回のダブル選挙ではこの層が投票しなかった。だから60万票しか出なかったのです。そして残りの20万票は自民党、公明党、民主党の票が崩れたわけです。若干、煽った部分もありますからそれだけとは言い切れないのですが、自民支持層と公明支持層、そして民主支持層のそれぞれが自民の3割～4割、公明の2割、民主の3割、これが崩れたので合わせて60万票ぐらいになったのです。

対立軸は保守や革新ではない

実は「維新」の得票構造というのは安倍政権と同じです。彼らを押しているのはそういうホワイトカラーの「勝ち組」サラリーマン層です。私たちが今、敵にしているのはそういう人たちです。そして彼らを説得するのは無理です。なぜかというと、自分たちは頭がいいと思っているからです。日々、グローバル経済とたたかっている自分たちが一番偉いと思っていますから、その人たちを説得

（図27）

日本政治の真の対立軸を浮かび上がらせた「なにわの市民革命」

- □ いまの日本政治の真の対立軸は、保守vs革新ではない。
- □ 「市場」（新自由主義）か「再分配」（福祉、生活）か？
- □ 「多数決」（独裁）か「熟議」（民主主義）か？
- □ 「中央追随」か「自己決定」（自治）か？

↓

- □ この対立軸の前に、自民党にも公明党・創価学会にも民主党にも、内部に亀裂と分断が起こっている。

するのはなかなか難しいでしょう。だけどその人たちはどう考えても日本の中では少数派です。そういう彼らをどこまで包囲し孤立させることができるのか。そこに将来の鍵があるということが、実は大阪の住民投票の結果から解ったのです。

　つまり今の政治の対立軸は、保守や革新というところにはないということです（図27）。新自由主義的な小泉「構造改革」以来の市場万能主義というものを今だに信じている人たち、あるいはそこに期待をしている人たち、相変わらず竹中平蔵氏の本を読んでいるような人たち。そういう人たちはビジネス書はよく読んでいます。紀伊國屋書店に行けばビジネス書は山のように積んでありますが、あれを読んでいるのです。だけど学術書は読めない。勤労協の講座でやっているような『資本論』なんかはましてや読めない。ピケティの『21世紀の資本』はブームになったので読もうとしたかもしれないけど、読んでもたぶん途中で投げ出したでしょう。

彼らは学者にすごいコンプレックスを持っていて、学者が書いたものはよくわからないので、ビジネス書はわかるけど学者の書いた本は嫌いです。ですから藤井聡さんなどは嫌われているのです。このようにある意味では「反知性主義」でもある。だけど自分は頭がいいと思っている。なのに内田樹さんなどが書いているものを読んでもわからない。だから内田樹さんは嫌いということになる。つまりなかなか説得するのは難しい人たちです。

「自己決定」の問題

そしてもう1つの対立軸は安保法制の問題で明らかになったし、大阪で言えばまさに住民投票で明らかになったように「多数決」か、「熟議」かという民主主義をめぐる問題です。そして最後に「自己決定」。つまり、「自分たちのことは自分たちで決めさせてくれ!」ということ。これは沖縄の問題でもそうですが、このようなことが本当の争点であって、この対立軸の前には自民党の中にも亀裂が走り、公明党・創価学会だって割れてしまいました。特に大阪では見事に割れました。創価学会の中央は、反安倍、反橋下維新の婦人部長、さらには理事長まで解任し、とことん自民との連立派で中央執行部をまとめ上げたのに、それにもかかわらず8割ぐらいの創価学会員が今度のダブル選挙でも「反維新」で投票してくれたのです。つまりあれだけ盤石だと言われた創価学会が割れてしまったのです。

民主党なんかはさらにバラバラです。保守票を逃がさないようにする前にまず自分たちの支持票をなんとかしろよと思いますが、連合がバラバラです。連合は先ほど言ったホワイトカラー層の労働組合じゃないですか。ですから連合の中でも、「総がかり行動」で一緒に行動できる組合と全然そこには見向きもしない組合とがハッキリと分かれています。そういう中で民主党は支持基盤をどんどん失っています。挙句の果てに沖縄ではほとんど消えて失くなりました。大阪でも府議会、市議会の議席をほとんど失って存在感がなくなってしまった訳です。

9.「経済保守」「政治保守」「社会保守」の分裂

すべての勢力が割れていく

つまり「市場」か、「再分配」かが問われている。「再分配」とは福祉や教育などにちゃんとお金持ちから税金を取ってそれを有効に使うということ。そういうことを優先するのかどうかが問われている。あるいは「多数決」による独裁なのか、「熟議」を尽くして話し合いで物事を決めていくのか、時間がかかってもコストをかけても話し合いで物事を決めていく、こういう対立軸。そして「自己決定」。自分たちのことは自分たちで決めるということ。

そしてこのような対立軸の前に、すべての勢力が割れていく状況が生まれたということです。共通して起きていることは、日本の保守層という非常に分厚い層が3つに分裂していることです（図28）。社会学者の宮台真司さんの表現をお借りすれば、1つ目は「経済保守」、新自主主義改革を推進していくという勢力です。2つ目は「政治保守」です。これは「靖国派」と呼ばれる勢力です。歴史修正主義の立場です。そして3つ目は「社会保守」、前の2つとはどうしても相容れない元来の伝統的な保守の人々です。この3つですが、「経済保守」と「政治保守」は比較的仲がいい。なぜかというと、新自由主義的改革で貧困と格差が広がったら、あとは「日本人の誇り」でつなぎとめるしかないからです。もともと小泉「構造改革」の時からのセットです。このように小泉氏は「経済保守」を代表している。安倍君は「政治保守」を代表している。そういう政治家だと思ってください。そして

（図28）

共通して起きていること

- □「経済保守」＝新自由主義、「政治保守」＝靖国派とは相容れない「社会保守」の存在
- □ 現状に強い不安と不満を持ちつつ、安倍自民党にも民主党にも維新にも戻れない「社会保守」層
- □「社会保守」との保革を超えた共同の可能性の広がり
- □「経済保守」「政治保守」と「社会保守」の分裂
  - ■ 沖縄：翁長氏・仲里氏らが自民党から分裂
  - ■ 大阪：自民党府連から大阪維新の会が分裂

今の自民党中央はこの「経済保守」と「政治保守」に乗っ取られてしまった。国会議員を見ればそうなっています。でも地方にいくとそうじゃない人たちが沢山いる。なぜなら新自由主義改革を許していたら自分たちが支持基盤にし、大切にしてきた地域がぐちゃぐちゃにされ、商店街はぶっ潰れ、地場産業は滅茶苦茶にされ、さらにＴＰＰの合意が本当に実行されたら自分たちを支えていた農業基盤がぶっ壊れてしまうわけです。そんなことを元来の保守の人々が許せると思いますか。本当に許せないことが行われているわけです。

追い出された「社会保守」

そういう「社会保守」の人たちが内心忸怩たる思いをしながら、でも自民党ということでまとまっている。なにか無理矢理に

押し込めているという状態が続いています。そして大量棄権層の人たちも元来の保守です。この新自由主義的な政治も「靖国派」的な政治にも相容れない、そこにはついて行けないと思っている保守層、その代表として野中広務さんの名前を挙げておきますが、自民党のドンと言ってもいいような人ですね。彼は今、安倍政権批判の急先鋒に立っています。先日のＮＨＫで「権力の興亡」という番組をしていましたが、古賀誠さんが安倍政治への批判を繰り広げました。彼も自民党元幹事長ですよね。彼は「経済保守」でも「政治保守」でもないのです。だから相容れないのです。

そういう人たちが実は大量にいる。その人たちは例えば宮城ではもう自民党について行けないので、共産党を勝手連で推すことになった。大阪では共産党が元自民党市議の柳本顕さんを勝手連で推していましたが宮城は逆です。こういうことが全国いたるところで起きる可能性が広がっている。その「経済保守」「政治保守」「社会保守」がどう分裂していくか、その分裂の仕方によってはいろいろややこしいのですが、起きていることは共通のことなのです。

沖縄ではその「政治保守」と「経済保守」が、翁長さんたち「社会保守」を追い出してしまった。翁長さんたちは自分たちこそ自民党だと思ってます。自民党県連の元幹事長ですから。「あいつらは勝手に自民党を名乗っているだけで、俺たちが本当の自民党だ」と思っている。こういう形で分裂が進みました。そしてその結果、翁長さんや仲里さんが「オール沖縄」の一翼として登場してきました。「翁長は2カ月したら裏切る」と言っていた人がいますけど、裏切らないでしょ。裏切りませんよ。ある意味保守層というのは、そういう意味では筋が通っている。そういう人たちもいるのです。大阪にもいますよ、浅野秀弥さんや中野雅司さんのような人たち。彼らはどんどん安倍政治批判を強めています。こういう「社会保守」の人たちがいます。

大阪はどうだったのかというと、この「経済保守」が維新を立ちあげた。僕は昨年のダブル選挙までは「政治保守」と「経済保守」が維新を立ちあげたと言っていましたが、そうじゃないんですね。「経済保守」が維新になった。だから自民党大阪府連には「政治保守」と「社会保守」がいる。「政治保守」の中心は国会議員団で、「社会保守」の多くは市議団・府議団です。だから市議団・府議団と国会議員団がぎくしゃくしていた。今度のダブル選挙でも悪い役割を果たしたのが国会議員団でした。市議団・府議団は頑張ったんです。だけど国会議員団に足を引っぱられて、ぎくしゃくしてなかなか「オール大阪」がうまくいかなかった。その結果、先ほど言ったように30万の人たちが、住民投票では反対に投票したけど、ダブル選挙では投票を控えてしまったのです。

崩れる保守層

そういう複雑なことが起こっています。複雑ですがどうも日本の保守層はその3つに割れていて、今の自民党執行部は特に安倍首相になってから「政治保守」が圧倒的に強くなりました。ですからそこに相容れない人たちは地方に行けば行くほどたくさん出てきているということです。その例が長野です。長野では安保法制に関して、審議中にも「廃案」を求める意見書を地方議会がたくさん挙げていますが、成立後も今度は「廃止」を求める意見書が保守系議員を通じてどんどん上がってきています。このように長野や宮城などで保守層が大きく音をたてて崩れていっている。これが先ほどの2000万人が棄権にまわっているということを含めて2つ目の大きなポイントになります。

（図29）

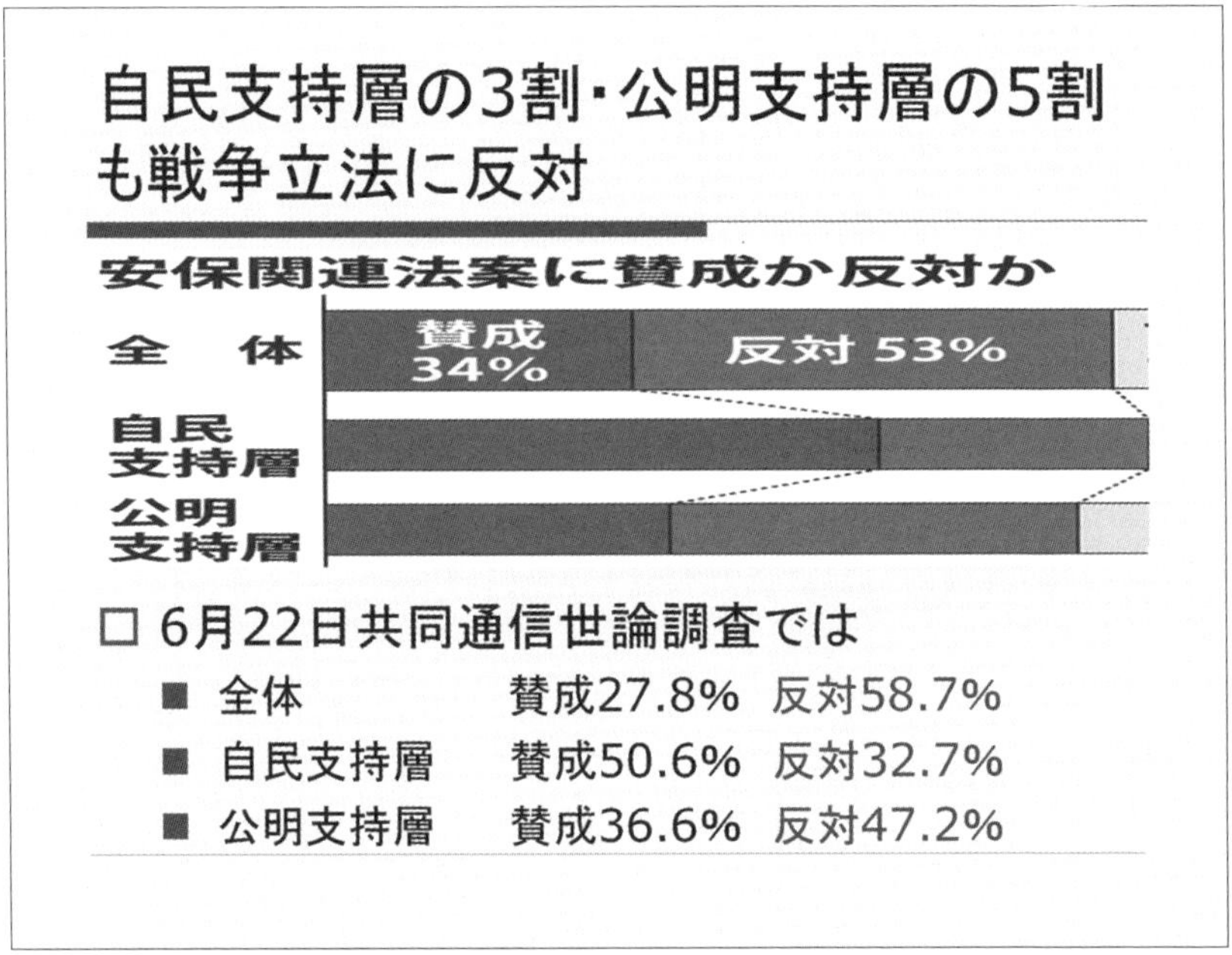

そういう中で例えばこんなおもしろいデータがあります（図29）。これは6月の段階ですが、戦争法案に対しては自民党の支持層、公明党の支持層もこんなに反対がいました。この人たちは今でも反対だと思われます。自民党支持層で反対が33％、公明党も反対が47％です。保守層が割れていることはこういうことからもわかります。また地方議会は１８１が反対しています。この意見書には特に公明党議員は頑なに反対していますが、自民党議員は結構崩れています。一番典型的なのが広島の庄原市です。市議会議員20人のうち19人が安保法制の廃案を求める市民の会を作って、共産党の議員がうかうかしてたらおいていかれそうになるような状況になっています。中心になっているのが自民党県会議員の小林秀矩さんという議員で、市民に署名を呼びか

（図30）

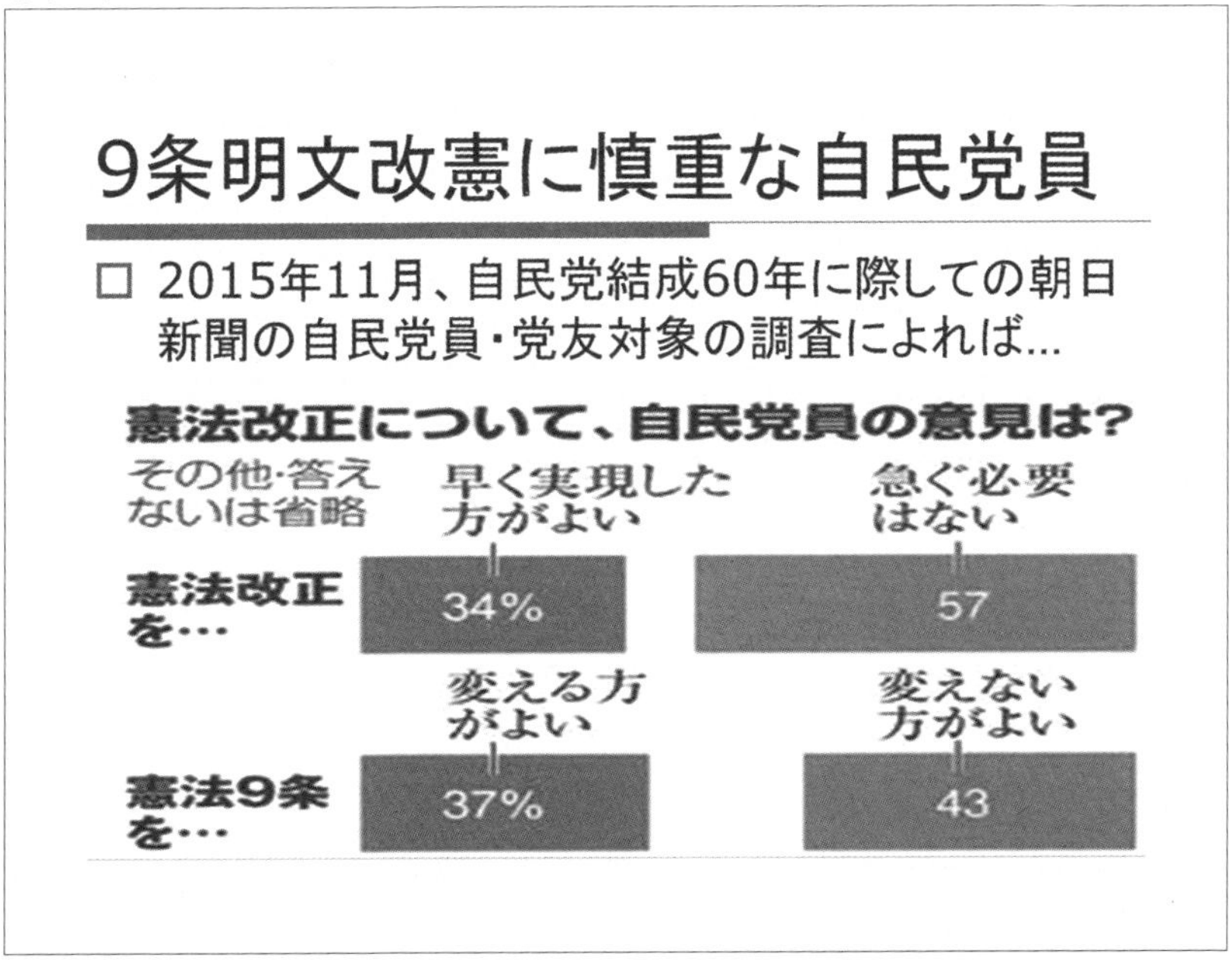

けて1万3000人の署名を集めて、それを自民党本部に持って行き安倍首相に突きつけようとして門前払いをくらったそうですが、そういう自民党員が出始めているのです。保守層がまさに分解をしている。そして「経済保守」と「政治保守」に乗っ取られた自民党中央に、どうしても相容れない人たちがたくさん出てきているということです。

「社会保守」とどう手を組むか

そしてこれがまたおもしろいデータなのですが、昨年11月に朝日新聞が自民党員・党友に調査しています（図30）。それによりますと、「憲法改正を急ぐ必要はない」が6割です。また9条の改正には43％の多数派が「変えないほうがよい」と反対しています。賛成は37％にすぎません。これが今の自民党員の意見です。安倍くんは自民党内でも多数派になれない。そして先ほど言ったように自民党は1800万票しか取れない。その1800万票しか取れない自民党内でこういうことが起きているのです。先ほどの2000万票の受け皿を誰が作るかということと並んで、この「社会保守」の人々とどうやって手を組んでいくのかということが私たちに問われていることだと思います。

10. 民主主義の新しい担い手の劇的な登場

今まで見たこともない光景が

そして3番目ですが、これは写真だけ見ていただきますが、そういう中で安保法制が出されてきた途端に、日本の民主主義にとって今まで見たこともない光景が大きく広がりました（図31）。その背景には実は東日本大震災と福島原発事故がありました。この出来事を通してある意味では民主主義について、そして政治について新しい感覚、そして共同ということについての新しい価値観が少しづつ紡がれてきた。そして脱原発の官邸前行動などの中からＳＡＳＰＬがつくられ、ＳＥＡＬＤｓが立ち上がるというように発展してきました。また大阪では、毎週金曜日の関電前行動（キンカン行動）やヘイトスピーチに対するカウンター行動などからＳＡＤＬが生まれ、「都構想」の住民投票を前に旗揚げをした。そういう流れがあるのですが、この安保法案の審議の中で、沸々としていた市民の中に新しい動きが劇的に登場してきました。それがこの一連の写真ですが、高校生も立ち上がりました。ママも立ち上がりました。学者も立ち上がった。そして学生も立ち上がった。創価学会も立ち上がった。創価学会の中ではすごく激しい権力闘争が行われて、この写真では創価学会インターナショナルの旗が掲げられています。なぜかというと、創価学会インターナショナルは自民党との連立を解消したいという方向で動いていた正木理事長、今は前理事長ですが、彼の地盤でした。

先ほど申し上げたような保守層の分裂や２０００万人の大量棄権層の存在という中で、こういう

（図31）

（提供：しんぶん赤旗）

（安全保障関連法に反対する学者の会ホームページより）

新しい運動の芽が一気に吹き出てきたのです。これを政治学者の中野晃一さんは「掛け布団」と表現しています。「敷布団」があってその上に乗っかっているものという意味ですが、その「掛け布団」が大きくなってこういう光景が生まれました。

先ほど言ったように、まず2000万人の大量棄権層が存在している。「風」に吹かれない、対話を通じてしか投票に行かない、でも対話をすれば投票に足を運んでくれる。そのことを示したのが住民投票でした。そして第2に保守層が見事に割れている。3つにバラバラになっている。その中でも特に、地方に行けば行くほど私たちと手を組むことができる「社会保守」の人々がたくさんいる。対立点は「市場」か「再分配」か、「多数決による独裁」が「熟議としての民主主義」かということですから。そういう中で立憲主義を取り戻す、あるいは民主主義を取り戻す、平和主義を取り戻すということでは十分に手を組める、そういう保守層が実は大量に生まれているのです。そのシンボルとして、野中広務さんであったり、古賀誠さんであったりというようにびっくりするような人たちが出てきているのです。僕は山崎拓さんが出てきた時には「ひょえ〜」って声を上げたぐらいでしたし、亀井静香さんが出てきた時には「お前もか！」って驚きました。つまり、つい最近まで自民党の大御所と言われてきた人たちのほとんどが出てきているわけです。

そしてついに「しんぶん赤旗」にまで登場しています。こういうことがどんどん起こってきている。そしてそこにさらに「掛け布団」のように、この新しい運動の担い手たちが、新しい運動に立ち上がっているわけです。

高まる「野党共闘」への期待

そんな中、安倍首相は何を思ったのか、あんな滅茶苦茶な暴力的な強行採決をやってのけた。彼は3日も経てば国民は忘れるだろうと思っているかもしれないですが、国民は忘れません。だって忘れる国民だったら自民党に戻っているはずですし、また民主党にも戻っているはずです。しかしこの間、何度選挙をやっても民主党に大敗した時以上の得票を自民党が取れないのはなぜか。かつて3000万票取っていた民主党が900万票しか取れなくなったのはなぜか。それは日本国民が忘れっぽくないからでしょう。

みんな、裏切られたという思いはずっと持っているけど、ただどこに入れればいいのか、その先

(図32)

が見えない。そういう状況に置かれているだけなのです。その中に広がったSEALDsなどの新しい動きに、今その人たちは注目しているはずです。彼らに期待していいのか。「野党は共闘」というのは本当にできるのか。その中には保守的な人たちがたくさんいます。その保守的な人たちが、野党共闘であろうと、もしそういうものが進めばそれが自分たちが投票すべき対象になるんじゃないかと、そういう期待をして見守っているはずです。

そういう中で提唱された国民連合政府の意義はとても大きいと思いますし、「野党は共闘!」という市民社会の叫びは大きな意味を持つものです(図32)。おもしろいのは、民主党はああだこうだと言っているのに、小林節さんや小沢一郎氏などは態度がすごくはっきりしていることです。彼

（図33）

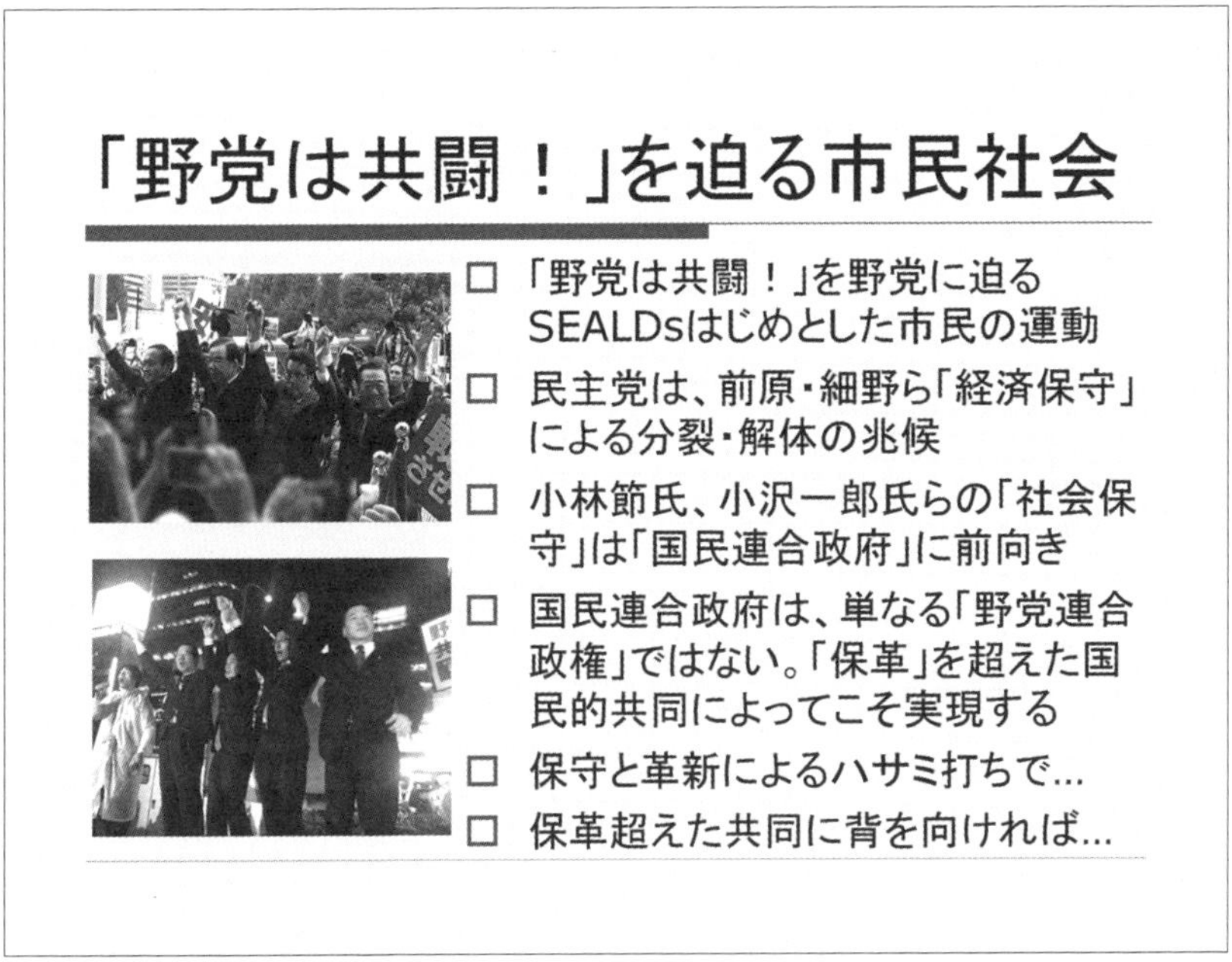
「野党は共闘！」を迫る市民社会
□ 「野党は共闘！」を野党に迫るSEALDsはじめとした市民の運動
□ 民主党は、前原・細野ら「経済保守」による分裂・解体の兆候
□ 小林節氏、小沢一郎氏らの「社会保守」は「国民連合政府」に前向き
□ 国民連合政府は、単なる「野党連合政権」ではない。「保革」を超えた国民的共同によってこそ実現する
□ 保守と革新によるハサミ打ちで…
□ 保革超えた共同に背を向ければ…

らは保守層です。小林節さんなんて保守も保守、徹底的な改憲論者だった人です。また小沢一郎氏は民主党の顔だったりしましたけど、元々は自民党幹事長ですから、保守も保守です。むしろ民主のグラグラしている人たちよりも保守の人たちのほうがずっと頼りになる。沖縄もそうです。堺市もそうです。竹山さんは保守じゃないですか。でも彼のほうがずっと頼りになる。

ですから今の日本で起こっていることは、「野党は共闘！」ということになっていますが、それをどれだけ保守から革新まで含めた広範囲な市民の共同で迫るかということに掛かっています（図33）。民主党がもしこれに応えることができなくなったら消えてなくなるだけです。前原君などがごちゃごちゃ言ったら、消えてなくなりたいのねと思っていればいいでしょう。いち

（図34）

日本の民主主義は新たな段階へ

□ 保守・革新の枠、政党・政派の違いを超えて、戦争法反対に立ち上がった広範な人びと

□ SEALs、SADL、Tns-SOWL、ママの会、学者の会等など、世代を超えた一人ひとりの市民の新たな形態での立ち上がり

■ 3.11以来の市民社会の変化が劇的に噴出

■ 孤独に考え、自らの責任で、みんなでともに行動

□「平和主義、立憲主義、民主主義を取り戻す！」という共通目標で保革を超えた共同を

いち一喜一憂する必要はありません。沖縄の民主党はそれでほとんど消えて無くなっちゃいましたから。大阪の民主党もほとんど消えてなくなろうとしています。それはこういう保守から革新までの、市民の共同の声にしっかり応えられないからです。応えられないのなら消えて無くなればいい。それは共産党も同じです。まさに今、日本の中で起ころうとしていることはそういうことなのだろうと思います。今、私たちは問われているのです（図34）。

今、民主主義は新たな段階へ

宮城での共産党躍進は、共産党が強くなったからじゃない。元自民の人たちが勝手連を作って押してくれたから8議席に躍進できた。そういうことがどこでも起きる中で「安保法制の廃止と立憲主義の回復を

（図35）

求める市民連合」ができました。そして熊本では統一候補が決まりました。これを全国でどれだけ広げて行くことができるか。安倍首相はこういう動きを見定めながらダブル選挙にするかどうかを判断するでしょう。だけどこのような動きにビビリがあればできないでしょう。一気に政権を失う可能性が出てきますから。

ですから一刻も早く、民主党待ちじゃなくて、どんどん保守層に切り込んでいくこと。そこで対話をしていくこと。それは2000万署名という目に見える形で私たちが積み上げることができるわけです。そういう取り組みを進めていきたいと思います（図35）。

日本の民主主義は新たな段階に入りました。平和主義、立憲民主主義を取り戻すという共通の目標で、ぜひ保守・革新という古い枠組を超えた共同を、今日のこの場から作り上げていっていただきたい。私も頑張りたいと思います。

【著者紹介】

冨田　宏治（とみだこうじ）

関西学院大学法学部教授。
1959年生まれ。名古屋大学法学部卒。名古屋大学法学部助手、関西学院大学法学部専任講師・助教授を経て、1999年より現職。専攻は日本政治思想史。
学生時代より原水爆禁止運動に参加し、2006年より原水爆禁止世界大会起草委員長を務める。大阪革新懇代表世話人。
著書：『丸山眞男―「近代主義」の射程』（関西学院大学出版会、2001年）、『丸山眞男―「古層論」の射程』（関西学院大学出版会、2015年）など多数。

「保革」を超え、転形期を切り拓く共同を
―大量棄権層・社会保守・市民連合―

2016年4月1日　初版第1刷発行

著者　冨田　宏治
発行者　坂手　崇保
発行所　日本機関紙出版センター
〒553-0006　大阪市福島区吉野3-2-35
TEL06-6465-1254　FAX06-6465-1255
DTP　Third
印刷・製本　株式会社　コーヨー21
編集　丸尾忠義

ISBN978-4-88900-931-6